DISCLAIMER

The author and publisher are providing this book and its contents on an "as is" basis and make no representations or warranties of any kind with respect to this book or its contents. The author and publisher disclaim all such representations and warranties, including but not limited to warranties of merchantability. In addition, the author and publisher do not represent or warrant that the information accessible via this book is accurate, complete, or current.

Except as specifically stated in this book, neither the author nor publisher, nor any authors, contributors, or other representatives will be liable for damages arising out of or in connection with the use of this book. This is a comprehensive limitation of liability that applies to all damages of any kind, including (without limitation) compensatory; direct, indirect, or consequential damages; loss of data, income, or profit; loss of or damage to property; and claims of third parties.

Extra Graphic Material From: www.freepik.com
Thanks to: Alekksall, Starline, Pch.vector,
Dgim-studio, Upklyak, Macrovector
& Freepik.com Designers

This Book Offers Free Bonus Puzzles
Available Here:

BestActivityBooks.com/WSBONUS20

5 TIPS TO START!

1) HOW TO SOLVE

The Puzzles are in a Classic Format:

- Words are hidden without breaks (no spaces, dashes, ...)
- Orientation: Forward & Backward, Up & Down or in Diagonal (can be in both directions)
- Words can overlap or cross each other

2) LEVEL UP THE GAME!

A space is provided next to each word to write new ones, translations or notes. We also offer a convenient **NOTEBOOK** at the end of this edition. It can help you organize your annotations, new words and/or observations.

3) TAG YOUR WORDS

Have you tried using a tag system? For example, you could mark the words which have been difficult to find with a cross, the ones you loved with a star, new words with a triangle, rare words with a diamond and so on...

4) EASY TO CUT!

The Puzzles come with an Extra Large margin to easily cut the page out of the book. Some people may feel it more convenient to solve them this way.

5) FINISHED?

Go to the bonus section: **MONSTER CHALLENGE** to find a free game offered at the end of this edition!

Want **more fun** and activities to **relax? It's Fast and Simple!** An entire Game Book Collection **just one click away!**

Find your next challenge at:

BestActivityBooks.com/MyNextWordSearch

Ready, Set... Go!

Did you know there are around 7,000 different languages in the world? Words are precious.

We love languages and have been working hard to make the highest quality books for you. Our ingredients?

One part easy-to-read print, three parts entertainment, then we add some challenging words and a pinch of rare ones. We brew them with care to serve you lots of fun and an opportunity to solve the best puzzles.

Your feedback is essential. You can be an active participant in the success of this book by leaving us a review. Tell us what you liked most in this edition!

Here is a short link which will take you to your Amazon orders review page.

BestBooksActivity.com/Review50

Thanks for your fidelity and enjoy the Game!

 Delta Classics Team

Puzzle 1

```
T R A N S P O R T O C H M M A
U Y S S I M E F C Q P X A A V
Ĉ A P I T R O R T N E C L L E
B V M C J L N C M U I Y G A R
Y I H A R O X L U E V O R N T
T T O J S P X I K R R K A T I
I A D R A M A B W H K K Ŭ A N
V N N P C E O E N O P Y A Ŭ X
E R U K V G H R B O R D O T P
R E R N G D O A N N D J N H O
S T G D U M Y N K W M S E N S
I L F A B U N D O T S E V N I
O A L B A P A K C X Y R E A A
X V I Q P L U V O K V A N T O
```

AVERTI
BORDO
ĈAPITRO
ABUNDO
PONEO
VERSIO
CENTRO
KRUCO
LIBERAN
TRANSPORTO

KAPABLA
DRAMA
MERKATO
MALANTAŬ
PLUVOKVANTO
INVESTO
SAMA
GRUNDO
ALTERNATIVA
MALGRAŬ

Puzzle 2

```
D S O V U O P U L J L Y J H E
E S V W E P C I T R O N O O N
P Ŝ I S J C D I F I N I S R T
E S I J B I L R U A F K P O U
N V W P V O H A S T I S E I Z
D F J E O N Z Z T I K A K R I
A J G I V N I R P L O K T A A
S N V H P E A X Q O L R A T S
I P U P L A N K O Z E I K E M
K A O N T D Q T I I K D L R A
U R C L R I M D R A T O O K Y
L O G O V E T V O D I U C E J
P O K R L O P K E E A K X S F
U L G O F K O N T O I Q R X V
```

OPCION
DEPENDAS
SEKRETARIO
TEORIO
HASTIS
ENTUZIASMA
POLVO
ŜIPON
SPEKTAKLO
DIFINI

PLANKO
PLUKIS
CITRONO
NUNA
LUPO
IZOLITA
KONTO
HORO
KOLEKTI
AKRIDO

Puzzle 3

```
Q  T  B  P  F  Ŝ  T  W  K  P  J  R  L  C  Q
V  R  P  L  R  E  U  O  L  O  K  I  T  R  A
I  E  R  E  A  K  B  O  W  S  N  Y  T  M  M
C  J  O  N  T  Z  Z  H  V  U  O  D  A  B  U
O  N  M  U  O  A  A  C  Y  K  I  U  I  P  Z
F  I  E  M  K  M  P  I  Y  O  C  H  F  Ĉ  I
A  S  S  A  U  E  B  Y  L  F  S  I  U  J  O
B  T  O  J  R  N  Q  I  G  Y  F  O  G  D  A
R  O  V  V  T  O  G  B  C  T  F  L  I  V  P
I  L  F  M  E  W  B  L  J  I  O  D  R  Y  G
K  Z  B  S  N  S  O  L  V  O  K  D  O  W  R
A  P  F  R  O  U  H  L  E  V  E  L  F  F  T
D  R  E  S  P  E  K  T  O  N  A  E  O  P  E
O  T  E  M  P  E  R  A  T  U  R  O  U  S  N
```

BICIKLO
SCION
ŜUO
KONDIĈO
ARTIKOLO
VICO
AMUZI
PROMESO
FABRIKADO
EKZAMENO

FOKUSO
FORIGU
KURTENO
PLENUMAJ
IUJ
SOLVO
FRATO
RESPEKTON
TEMPERATURO
TREJNISTO

Puzzle 4

```
Z  D  I  S  E  M  R  E  P  L  A  M  Z  Y  O
M  E  B  L  O  J  A  P  V  G  C  L  P  R  F
G  R  A  D  O  G  A  L  O  H  R  E  I  U  I
N  K  A  T  E  N  T  A  V  S  Z  O  N  P  C
Y  O  R  I  P  O  Ĝ  I  G  A  T  U  T  Q  I
P  K  F  O  N  T  O  Y  S  T  R  D  O  G  A
N  I  G  I  I  C  K  N  U  F  Y  M  M  L  L
U  D  J  R  X  L  L  C  U  E  Y  N  A  I  U
E  O  C  F  R  J  H  A  J  J  O  P  I  T  L
I  N  O  P  S  K  E  C  S  X  R  A  N  I  O
A  V  A  N  T  A  Ĝ  O  F  T  H  F  G  L  H
M  I  Z  E  R  A  J  S  O  S  A  O  C  O  V
A  K  V  O  M  E  L  O  N  O  W  V  C  P  O
G  A  S  T  I  G  A  N  T  O  M  U  U  T  U
```

MEBLOJ
KOKIDON
MIZERA
FUNKCIIGI
GLITILO
TAGIĜO
PAFO
GASTIGANTO
FONTO
EKSPONI

POST
MALVARMA
AVANTAĜO
PINTO
GRADO
MALPERMESI
LASTA
ATENTA
AKVOMELONO
OFICIALULO

Puzzle 5

```
B T S R M T E R M O M E T R O
C X U E L A V B U T I K O W S
M Y P G R A V A M P I R O C R
A B R I K T T I R K E S T O O
T B A O R I L A V A K Y S L D
M S N N R Ŝ E E L P A R O L O
V A E O C R G R A T I N G I N
A K L N A E D L A S F A V S I
L A R S S V P E J R N P Y K M
O P V B U E F T Z Z O Z N A R
R A C T Z P N O N J A R T R E
A B O H Y M R C F O V B L A T
N L L L J B Q E A B J S V B Q
G O O C X R N V N U G W M O S
```

TIRKESTO	ERARO
SKARABO	COLO
TERMINO	ATINGI
DORSO	TRAJNON
TERMOMETRO	LAVBUTIKO
SUPRAN	KAVALIRO
VERŜITA	VAMPIRO
MALSUPREN	ELPAROLO
VALORAN	SENSENCA
KAPABLO	REGIONO

Puzzle 6

```
K O V O L N A Ĝ A D O V P D G
O B R E H D E Z I R O B R E R
N I A G L A C I O G R E E S A
S K L U B O V U E F O V F E T
E U B E B T J I B G T Z E C U
N V E X T E G K Z Y K U R H L
T R D S P Ŝ L S K I A E I A I
A R I G A R D O Y O O J T B I
S X V H E P B D C Z M N A L L
W E E S P E L L I N G B T E U
B V N R E G U L A D O R I T T
D E N O M I N A T O R O I L S
Q N N I R J P E N B J O O I O
L B W L D M F L K O L O R O P
```

POSTULI
REGULADO
DENOMINATORO
KOMBILO
SPELLING
GLACIO
HERBO
KONSENTAS
KOLORO
DEZIRO

VIZION
DESECHABLE
ŜTELI
PREFERITA
GRATULI
KLUBO
NAĜADO
RIGARDO
NEVIDEBLA
AKTORO

Puzzle 7

```
B O T P E C S E K M O L F H B
L L B I K Q B S O G T H T R Z
M T A S G R G K N I S U E O U
H O T N E L A T F P I M G U B
Y A R S K R L V U A C I U B H
P X X E M A V B Z N A L N N V
H T X A D W I I A O R A J H K
S P S K C A C H S Ĝ U X A A L
S A L I K O K Z U E K Q T L G
L E R T E C O T L S P P I T I
H K Z I P R W V I I O E Z I F
W R S R T E N I L O V M U O I
X S N K I D T S S T U J L E Y
C V U B Y N O R E P S E E A I
```

SALIKO
LERTECO
BLANKA
KURACISTO
OBSERVI
HALTI
HUMILA
PANO
ELUZITAJ
REDAKTI

POVUS
JARO
SIN
ESPERO
ESCEPTO
TENILO
TALENTO
KRITIKA
SEĜO
KONFUZAS

Puzzle 8

```
C J B V P P B J F N D W R G A
H L Y R I E Y S K O I A I E K
Ĉ E N O O N Ĉ I O T E X D E T
N O D A W O B L I K A Y I D I
Ŝ K G L I T O E G U Ĝ S S Z V
L U B F X I J R R D M O O A A
O L R C H L R A E O T F J Y R
S P A T I M I L N R J Z M E V
I O S H T U M K E P Y N B X Q
L G I H O M A D I P L O M O N
O Q K Y O F P R O F I T O D S
N B O Q K Z P U M V I R G M F
M L R B C J P D U Y A E A S D
V E S G N A E I H Z W A V X L
```

GLITO
PRODUKTO
TASO
ĜOJE
KLARE
PROFITO
GEEDZA
AKTIVA
KULPO
DIPLOMON

NODA
RIDIS
ŜLOSILON
ENERGIO
IMITA
VINBEROJN
BRASIKO
ĈIO
HOMA
ĈENO

Puzzle 9

```
J H E F M C Z A I R K Y P U B
O N T M U S O K Ĝ I A G N J H
E R P Q E A I S I D R L H S N
E R O T R E C A L E I V L R Z
U A I N I F P U A T E L S X N
Z R C N W L U L N I R C D S M
T Y A B A T T F R Z O T K A F
R E R E Q C S N H O L B A S L
A K E Z P X O I O B Z U J Q C
D Q N K D Q R F Y A H P N N Y
I E E P V R E O E F A R G Ĉ W
C K G X F C T A K Ĉ Ĉ E K O O
I G C E P M E T A T S A L F F
A K U N E N L H X V W Y D T B
```

FAKTO	LASTATEMPE
SABLO	ALIĜI
LACERTO	RIDETI
GENERACIO	LUNĈO
MUSO	FABO
LETERO	INFLUAS
ERINACO	GRAFEO
KARIERO	FINI
KUNE	ĈEFO
TRADICIA	ĈEKO

Puzzle 10

```
O  B  M  M  V  U  K  K  T  T  E  Z  V  I  L
G  D  O  U  I  O  I  E  E  X  A  N  H  B  C
X  N  R  E  D  K  T  D  K  F  S  P  I  Z  O
Q  D  D  L  E  L  V  I  N  O  D  K  I  G  Y
O  G  I  I  B  I  D  R  A  G  I  R  G  Ŝ  O
I  L  S  L  L  E  A  T  P  F  P  V  A  G  O
Z  S  I  O  A  N  I  H  C  O  L  O  S  P  K
I  O  K  M  J  T  O  N  U  Y  E  M  O  Z  A
V  M  S  A  R  O  L  F  T  A  H  I  L  E  Ŝ
E  E  W  B  D  E  N  T  O  P  A  S  T  O  T
R  R  K  E  I  S  F  E  A  I  W  N  T  Z  A
C  O  R  O  F  O  Ŝ  L  B  S  U  U  Z  E  N
P  A  C  I  E  N  T  O  A  U  V  J  L  B  O
I  N  T  E  R  E  S  A  W  M  F  R  L  E  J
```

REVIZIO	DENTOPASTO
MORDIS	MUELILO
TRIDEK	TAPIŜO
HELPI	INTERESA
MALFERMILO	VIDEBLA
VINO	KLIENTO
KAŜTANOJ	RIGARDI
PACIENTO	FLORAS
GASO	ŜOFORO
SOMERO	ENIGO

Puzzle 11

```
O T P W A L M O K I F E L E Ĝ
C R R W X B O S T O H M I B U
E I O S G N Q O H K F O N P S
P A F L B W Y R E J A X K I T
G N E Z P J G Ĉ R P R T O G E
Y G S T S S G I O M B L N R C
N U O S J I E S A U O O A O O
E L R Y B V M T Ĵ S J R H P K
Z O O P C A R I O K R B W K A
O D X R O H E N Y A A M I L P
X N U Z I I T O I T L E V I E
A V I A D I L O N O V M C P R
F U N D A M E N T A V F B O O
R I G A R D A N T E R Z H J L
```

PROFESORO
ESPLORO
MEMBRO
FARBOJ
HEROAĴO
SORĈISTINO
EFIKO
LINKO
KLIPOJ
APERO

HAVIS
PECO
AMI
ĜUSTECO
TRIANGULO
MUSKATO
AVIADILON
RIGARDANTE
FUNDAMENTA
KONTAKTO

Puzzle 12

```
P R O V U A N E R K X G U I C
Ŝ H W D Y K O J V R U O G W E
V A J L X U T W N G G K C S W
N S B B V Z N O V O M W U Z V
P O W L I A E T P X I S O M Z
F N D A O S S J B U W D C U O
Ĝ O N E T N N A O T P X E T T
E R Y C N H O K I L O O T U K
N I K A E N K N G J K I N O U
A L C C M A R T K E L E E F R
S O M V E R E T S K E V D E F
Z J N G L M T Q L S T N I R F
K Y O C E T N I S A P X H T T
P R I S K R I B I D B X X O O
```

KUKUMO
FRUKTO
EKSTERE
PUPON
OFERTO
MOVON
ELEMENTO
TENO
AKUZAS
INTERKONSENTO

KAJTO
ILO
IDENTECO
ĜENAS
ŜABLONON
PROVU
PASINTECO
SONORILO
ELEKTRA
PRISKRIBI

Puzzle 13

```
R M D E T E R M I N I I M F Q
N A K A N G U R U O Q H Z N T
U I J O C N E P V N U U M P S
N T V D A A E C O J E C I F O
T O B E A F D G R A V A J N S
E N S S O N E M A K F D B H E
M A T T R O T O R L S D K F K
P C W M O L P E O I Q G Y K V
E Ĉ B R P I L P H T I E L K I
L W E H G M B A N A N O C O D
C C W V M R S O N Ĝ I M U R U
C G B W A A P L U Y H Q L P X
N H P U B L J R P E F R D O M
E L E K T U O A H D Z A A D N
```

KORPO
RAJDANTE
SEKVI
OSTO
NUNTEMPE
KAMENO
PENCOJ
TIAM
TIEL
ĈEVALO

ELEKTU
DETERMINI
OFICEJO
ARMILON
KANGURUO
SED
SONĜI
GRAVAJ
HORARO
BANANO

Puzzle 14

```
P  B  I  G  I  L  P  M  I  S  Q  K  M  A  F
N  A  T  U  R  O  I  A  E  A  S  C  A  C  K
L  F  I  M  U  R  E  T  I  L  E  I  J  Q  U
Q  N  G  A  D  B  D  C  G  D  M  R  M  D  K
L  U  D  E  M  A  O  N  E  N  E  V  O  I  O
F  A  R  I  S  C  J  A  U  Z  O  J  B  K  O
A  D  H  L  V  R  N  A  R  U  T  A  M  I  I
Ŭ  P  A  R  A  G  R  A  F  O  G  U  J  G  H
D  H  H  N  A  Q  Y  O  R  Y  G  F  A  I  D
I  P  U  L  V  O  R  O  R  O  D  N  O  K  B
N  Y  J  H  Z  W  C  A  V  B  Q  A  C  S  R
Y  E  T  N  Y  I  G  M  R  W  U  I  E  E  U
U  S  C  W  E  O  I  L  V  E  C  M  N  R  O
D  Y  W  I  A  H  X  G  H  M  G  X  T  K  B
```

LITERUMI	AERO
MIAN	SIMPLIGI
FARIS	PARAGRAFO
KONDORO	NATURO
BRUO	UZO
VENENO	KRESKIGI
KUKO	PULVORO
AŬDI	MATURAN
CENT	PIEDOJN
LUDEMA	SIMIO

Puzzle 15

```
I  U  R  Q  U  F  Z  S  L  E  Y  V  T  N  P
E  O  S  E  H  P  M  T  Z  S  I  M  M  O  R
G  I  T  B  Ĝ  M  A  L  K  A  Ŝ  I  O  Z  E
W  C  X  U  S  O  P  O  S  T  V  I  V  I  F
X  A  T  E  A  T  R  O  R  I  M  O  V  V  E
S  R  Z  C  V  E  R  D  I  K  T  O  E  O  R
R  E  G  X  P  J  R  I  A  F  Z  F  R  R  A
K  P  K  U  Y  D  Y  Y  O  Q  W  M  K  P  S
W  O  D  A  T  U  K  E  S  R  E  P  I  T  I
J  V  E  N  T  O  J  A  E  K  V  N  S  R  K
R  E  S  P  O  N  D  E  C  O  F  X  T  O  U
G  R  A  N  D  A  B  A  L  B  S  W  O  V  J
D  O  L  O  R  E  H  K  H  P  L  I  G  N  O
G  M  A  J  L  I  N  O  I  N  E  N  G  P  T
```

OPERACIO
VORTPROVIZON
DOLORE
VENTOJ
NENION
LIGNO
MALKAŜI
VERKISTO
RIMO
REĜO

VERDIKTO
PLEJ
TEATRO
PERSEKUTADO
RESPONDECO
LIN
POSTVIVI
PREFERAS
SEKA
GRANDA

Puzzle 16

```
S C E L O Y A O I X U R M D A
H K K H B L F Q L Z B D G C Ŭ
S O E R E S T A D O J N Ĉ Z T
M T F R G T W T G O S N E M O
E N R E M S T K S T I O S B M
Z N U I N A L K E A S L A F A
U X T L G D D X N T A E S N T
R Z U X H O I O I I K M D H A
A C E L O S V N G R N G K G V
D T E R U R O O A O A R B I Q
O B U S W T S R S N M O R D D
C R O R G I T A L I R N R L Z
D E K L A R O V Z M S P A C O
M V P P Z R L K J E M J M L U
```

SENIGAS

MELO

FALSA

OFENDI

MEZURADO

AŬTOMATA

DEKLARO

RILATI

MANKAS

CELO

MENSO

STRIGO

SKERMADO

TERURO

MINORITATO

SOLECA

RESTADO

KVARONO

ĈESAS

SPACO

Puzzle 17

```
A A P E R I D E C I D I S K K
O T A T K A R T D U W H J U O
L K S H O M P L P E B D Q N L
E E K A G A X O H S V M T V E
V F V U R F V L C H M U G E K
P R Q I Q V M E Z K W J S N T
P E K J Ĝ J F N B N I N N A O
U P A S G A K I P O R T E S L
S E R V O C S C L X T C Ĝ O E
Y A E L H N K K V H Z V B Z Ŝ
G R R A E A X O D I D N U H I
W I H R H N J K I H G T L A E
N E B U L I G I T X S Y O A K
O R I C I F O D R O G O N R X
```

KUNVENAS
NEĜBULO
VELO
NEBULIGI
ŜELO
SERVO
LEVIĜAS
PERFEKTA
KOKCINELO
APERI

HUNDIDO
FINANCAJ
TRAKTATO
OFICIRO
DROGON
TROPIKA
DECIDI
FAMA
DEVUS
KOLEKTO

Puzzle 18

```
R  S  U  L  K  O  Y  K  O  X  Y  E  P  B  J
F  I  R  O  K  O  L  U  R  M  H  S  R  S  Q
B  I  N  P  C  O  T  N  A  V  K  E  E  C  R
F  V  V  O  L  M  Z  I  P  I  H  N  C  I  F
Q  G  P  P  C  P  M  K  U  K  F  C  I  E  U
H  E  K  L  L  E  M  L  T  R  D  A  Z  N  T
C  B  K  U  L  Z  R  O  Ŝ  J  E  N  E  C  O
R  K  M  V  I  S  E  O  M  S  P  F  U  I  S
J  A  I  M  E  D  A  K  A  Q  R  Q  T  S  P
K  D  D  Q  V  Z  K  W  L  H  I  B  L  T  A
S  F  S  O  E  C  J  I  K  P  M  A  J  O  L
M  A  L  H  E  L  P  I  A  W  I  H  V  D  O
E  R  U  P  C  I  I  W  O  L  I  R  V  O  K
K  A  R  A  K  T  E  R  O  N  O  D  H  T  G
```

KIALO

MALHELPI

KOVRILO

DEPRIMI

AKADEMIAJ

ESENCA

RADO

ERUPCII

SCIENCISTO

SULKO

ROKO

JAM

KVANTO

PRECIZE

RINOCERO

VULPO

KOLAPSO

KARAKTERON

KUNIKLO

ŜTUPARO

Puzzle 19

```
P M A N L I B R O N A Q K H H
E S E N Z O R G A I F Z H T L
R I B T C L Z G D O E M I U F
S L U O I A D U U Z R O B R C
I O S D J H C I D P O N T M K
K R Z A T E N T O N J T X V M
O A L I M I S T F Ĵ P O C H E
V P L E V E N T O F A J G D Z
O M H D K A M P O J F T W C N
L P F P O N D J L Q J F I D O
T Z F K I N D I A N G G S C M
O B A Z G V I P G N W P U T B
J O I C E P S D O F G N K E R
P R E Z I D A N T O Y W N E O
```

SUBE
CITAĴO
VOLTOJ
KRIZA
EVENTO
PAROLIS
PERSIKO
ATENTON
PREZIDANTO
ALDONI

MEZNOMBRO
LAGO
KAMPO
SENZORGA
AFEROJ
HALO
SPECIOJ
SIMILA
MONTOJ
MANLIBRON

Puzzle 20

```
K W O E X D U M F K R I O T I
B R U Y E A C E D N O P S E R
O K E V Y N U N L B S V I G V
V A S S P C M O W U X V D R H
L T T A K O T A M O T G T U K
O A V V S O K R A L E I Ĉ P O
S S I I M P D U P A R U J O A
I T J V I K E N E S O S V R T
T R H X S O N C E K I U J N E
U O A Y T M V S I F S X Z B N
A F J V E P O L G F E Q L W D
C O L N R A R R L P A D E K A
I S O X O T T Y F Z R J E X T
O Q W Z H O Z Z K P V G S P A
```

GRUPO
KRESKO
ĈIELARKO
BOVLO
HAJLO
VIVAS
KIUJN
KRIO
ATENDATA
SPECIFAJ

RESPONDECA
KATASTROFO
TOMATO
SALO
KOMPATO
DEFENDO
MISTERO
SITUACIO
DANCO
JURA

Puzzle 21

```
A  K  I  L  P  M  O  K  J  K  W  S  K  U  M
D  F  G  S  A  V  I  T  I  Z  O  P  U  X  A
W  I  N  J  U  T  I  L  C  E  Y  I  L  D  L
F  G  O  O  R  C  K  A  U  Z  J  W  T  B  T
O  U  R  I  R  X  Y  A  N  S  D  D  U  O  R
R  R  I  T  N  R  M  Z  T  N  T  H  R  N  A
D  O  T  R  O  F  R  E  P  I  N  R  A  E  N
O  R  L  A  T  S  J  Q  X  Y  D  V  I  I  K
N  O  I  P  I  K  J  S  I  R  I  O  S  S  V
A  L  F  I  V  Q  V  A  L  F  A  A  O  F  I
S  A  U  W  N  O  L  I  S  E  M  R  E  P  L
P  V  P  S  I  Ĝ  I  K  E  V  D  T  E  I  O
T  A  B  U  R  E  T  O  U  U  U  O  R  N  Q
U  P  A  N  T  A  L  O  N  O  N  B  F  C  D
```

TABURETO	VALORO
ILUSTRI	FORDONAS
PARTIOJ	IRIS
PERFORTO	KATIDO
SLEDO	PANTALONON
PERMESILON	VEKIĜIS
BONE	KOMPLIKA
FIGURO	POZITIVA
IGNORI	KULTURA
MALTRANKVILO	INVITON

Puzzle 22

```
A Y W W L M S T M B M L X K T
K G N K O O M O M I R K C O E
E O A K Z R O U L D O X X M F
J H N D A D N P M A N O X P O
M H E T O O E M B B G C C R R
J K Ĝ G R N R A B T F E F E K
F D I P E A O Ŝ K R M D R N O
Y P D C V A Ŭ V R A G I A I N
F B N T A M E N Z M K M L O L
I G I N O B I L P O B U K Q Y
K O N K U R A D O K K H O R K
Y D A Q S E X Y B V Y E J K Z
M A T E R I A L O I L I A T E
C L M K V X H K W M T D P E E
```

MORDON

MANO

HUMIDECO

ŜAMPUO

MONERO

AGADO

KRIMO

FORKON

KOMPRENI

INDIĜENAN

ILIA

TAMEN

MATERIALO

PLIBONIGI

KONKURADO

ALKOJ

REGALO

LOZA

KONTRAŬ

TRAMO

Puzzle 23

```
M  A  L  M  U  L  T  E  K  O  S  T  A  A  F
D  N  U  G  T  W  L  H  V  N  S  C  M  V  I
L  M  E  U  L  W  S  A  J  K  A  J  G  I  L
E  A  N  O  Ĝ  O  L  R  O  H  N  U  S  D  M
L  L  M  X  R  H  O  L  I  F  A  P  B  I  O
E  S  P  N  A  N  R  U  T  O  K  O  D  X  Q
M  I  F  I  X  P  O  N  E  R  P  Z  P  R  I
E  M  O  K  A  B  A  R  W  T  D  I  D  L  A
N  I  R  N  A  N  F  R  G  P  Z  C  I  O  N
T  L  M  I  N  F  O  M  T  A  A  I  V  W  A
A  A  I  S  X  F  R  N  U  A  N  O  Q  U  L
H  J  K  T  R  U  N  K  O  I  J  I  J  B  I
P  K  O  D  X  X  E  K  P  K  Q  I  Z  K  Z
D  E  N  T  O  B  R  O  S  O  S  V  U  I  O
```

VIDI	TRUNKO
ELEMENTA	FILMO
PAFILO	SANA
APARTAJ	DENTOBROSO
MALSIMILAJ	ORGANIZI
MALMULTEKOSTA	PIANON
SUNHORLOĜON	ANALIZO
POZICIO	SINKI
PRENO	FORMIKO
PRI	KOTURNAN

Puzzle 24

```
L L V R M O N O N V O R H U S
M I K I T K A R P U V D U R K
F A M E J D P M T N O D L O T
Z B L O Q N I A V D J K O L O
A M T T N B T T A I N V D S D
U F X D R A B Ĉ S M O N D O I
R Z U O B A D O T D F Z R J R
B K U D R I N O A L O Z X Q E
E K R U R O O K N L J R H Z L
T E O K E E V Q V U A R M I R
O O D A T P A K Ŝ I F Y E O I
B H E Y P J L J T H L R F N C
K O M P R E N I S V P A P M W
S T M A L A K C E P T I S O R
```

MALAKCEPTI
MONDO
MONON
URBETO
MALTRANKVILA
KOLO
TIPA
DORMO
RIDO
LIMONADON

KRURO
KUDRI
OVOJN
FIŜKAPTADO
PRAKTIKI
VUNDI
KOMPRENIS
VASTA
LAVON
MATĈO

Puzzle 25

```
E R B F P G G E B I W I U T C
N L I B Z W M L O Ŝ U M I I G
E P S V U A Q A T L Q T G M F
R S F T E N X S E D E P I E J
E V O B A R K A L N Q D D M R
G H G P H R O S O F U P N A O
U I M A G I A N J J D O E A V
L E K S T R E M E X Z S P E K
A Ŝ T R U M P E T O W T M K E
M A L S U K C E S O S U O Z S
M A L M U L T A J C Q L R I N
W K F N M R D C Q N I A A S I
Z X B T H E G Y Z A O T L T S
K H P G R I O G H Ŝ N A A I V
```

EKZISTI
ŜTRUMPETO
ELSTARA
KRABO
KANDELO
TIMEMA
EKSTREME
MALSUKCESOS
PENDIGI
POSTULATA

MUŜO
MORALA
MALMULTAJ
IMAGI
NEREGULA
LASAS
SINSEKVO
BOTELOJ
ŜANCO
RIVERON

Puzzle 26

```
H H E R B E J O N C B Z M A Q
P E J H T I E B P E L Y A Y H
H M L P P A A Y T J Ĝ V N B N
C Y I I Ĝ N A R A Y K O Ĝ P Y
L I T E K F I P Q S D L I O F
C G S R M O O N Z K A R E I F
C X E K W P P T E A M R L C S
C A G A A L G T O Z O G I A T
K R I Z O E H U E O R Q M R K
F R D E A H M N Q R O Y I O R
W W A N A S L A M M O P G T V
W N W E F R O S T I G I O S I
B K F R R O M P I T A C S E U
T W W F E N G A Ĝ I T A K R H
```

ENGAĜITA
FOTO
HELPO
KAZO
HERBEJO
LIMIGOS
AMORO
KRIZO
FRENEZA
KREI

HELIKOPTERO
DIGESTI
ROMPITA
RESTORACIO
NEĜO
FIERA
FROSTIGI
MALSANA
ARANĜI
MANĜI

Puzzle 27

```
P  J  L  F  H  D  Z  N  D  B  J  X  B  P  R
R  Z  R  M  E  A  K  V  S  G  R  G  Z  M  G
O  V  X  O  K  N  T  V  Y  L  S  U  T  I  K
J  W  F  C  O  T  H  E  I  G  I  L  T  E  G
E  B  W  F  T  A  B  Z  E  R  O  X  W  O  V
K  M  E  C  N  Ŭ  E  M  S  B  I  H  C  Y  J
T  S  P  Y  A  E  T  R  A  P  A  N  P  W  X
O  R  H  Q  F  N  R  Z  I  N  N  C  O  Z  X
P  L  A  N  E  D  O  J  A  T  S  E  D  O  M
Q  A  T  T  L  X  F  K  P  I  R  O  K  T  W
W  C  F  S  E  R  V  I  I  Q  F  P  F  E  X
N  J  O  F  A  R  I  Ĝ  O  T  N  O  M  R  D
E  U  F  G  M  F  I  Ŝ  O  N  U  L  Q  C  H
B  U  T  E  R  O  I  D  I  W  X  B  Y  N  I
```

OFTA	MODESTAJ
FIŜO	PIRO
MONTO	APARTE
VIRINO	FORTE
SERVI	ĜIRAFOJN
BUTERO	LIGI
BUTIKO	ELEFANTO
PLANEDOJ	LUNO
RETO	PROJEKTO
ANTAŬEN	BRUTOJ

Puzzle 28

```
T N Y B F O T S I D N E V Z M
R D A N K E R M U S T E L O A
O N U R P C L E A Z H K T K L
V F W M O U L G L R H T K N O
A U F B K O L E T O F I L O R
Ĵ X A G A C Z X R T T B J E D
O Ĵ U S Z L W M G A D N J C O
P G O F I Z K O A M B O A C O
R A Q A Y S T Z H I Ĝ K Z L V
E I B B P I K G U L A U Z L P
N D K H G G Z B N K L T S F B
I T R A N S D O N A S N W T I
S R K J G R A S O F S A C N A
F E N E S T R O N Y E M N U F
```

KLIMATO   FOTELO
MANTUKON   TROVAĴO
PRENIS   ORELO
ĜUSTA   ĴUS
VENDISTO   FENESTRON
OKAZI   PLANTO
MALORDO   GRASO
MUSTELO   PRUNO
TRANSDONAS   DANKE
GLUO   FILO

Puzzle 29

```
K Y O G B H N P Q S P S E C K
W L V P J L O D M A R I K E O
J I A M F O O A L H O M B L N
X I H S Y J P K S U D P R E T
B C N K Ĉ N R A A T U L I R R
D N E O X A C D Q S K E L I A
G E T Z E P M E M J T M O O S
R M L H L M M B B O A M N J T
E D M F Y A W I R E D R Z R O
S I A O E K S O G O O B R A K
U V L B V N A R T I K O L O J
M E A V U R O B J O K U P I J
A N M L A R Ĝ A S E R Ĉ A D O
S I O L A B O R I S T O C S G
```

MALAMO
SERĈADO
DELFENO
BLOKAS
KAMPANJO
KONTRASTO
KLASĈAMBRO
RESUMAS
ARTIKOLOJ
LABORISTO

OKUPI
KARBO
MENCII
CELERIO
LARĜA
DIVENI
ENHAVO
PRODUKTADO
SIMPLE
EKBRILON

Puzzle 30

```
A G E N T O C K R J N S N E S
B P J W R I N D U S T R I O B
D E K U M A D N E P E D N E S
C T A B C K U L T U R O T B C
I X P Q I D N E F E D R R O Y
V F E X R A T O M A L U U V K
I M T B K O T J Y M Q R O I O
T N A S L I G O F W E E Z N P
A K F J A K X E K C I S U O U
N X O G O J M S L N Ĉ L E Q R
O H D L Q N F A K J I B M F P
I S V L U D O P S S D G M Z U
B A L D A Ŭ U O Z M E N R G R
Q H Q U R D D D B N D R Z A A
```

MAJO	SAPO
INDUSTRIO	KULTURO
KOTA	DEFENDI
ATOMA	LUDO
SENDEPENDA	BALDAŬ
NIGRA	PURPURA
CIRKLA	SERURO
TRUO	BOVINO
DEDIĈI	CIVITANO
AGENTO	DEKUMA

Puzzle 31

```
T  O  L  X  K  Z  I  M  S  B  T  W  O  M  D
W  E  A  R  A  J  R  Q  I  E  R  V  L  A  I
P  T  M  O  P  D  S  L  U  S  A  C  I  L  R
F  L  F  P  O  X  E  T  T  K  N  S  R  L  E
G  A  J  Y  O  D  N  A  R  A  Ĉ  D  I  A  K
R  K  P  H  J  T  O  P  M  P  O  P  U  B  T
O  O  B  N  E  T  J  L  B  I  R  U  K  O  O
V  L  T  F  A  F  P  E  N  S  I  S  D  R  J
R  A  K  O  N  T  A  N  T  O  R  E  Ĝ  E  N
R  O  N  D  A  R  A  U  U  C  E  O  N  M  I
D  D  T  I  K  N  Z  Ĝ  S  O  L  G  V  A  O
E  S  P  R  I  M  I  D  O  V  O  R  P  Y  F
T  R  O  M  P  A  N  T  A  L  T  N  D  A  E
V  H  R  X  N  E  T  A  Z  U  N  G  E  B  H
```

PENSIS   ESKAPI
KAPO   MALLABOREMA
TEMPO   NEĜERO
TOLERI   TRANĈO
KUIRILO   ALTE
RANDO   LOKA
RAKONTANTO   ESPRIMI
TROMPANTA   PROVO
KURI   LOĜATAN
RONDA   DIREKTOJ

Puzzle 32

```
B  I  Z  S  Q  S  M  E  S  T  A  B  L  I  F
O  R  A  Ĉ  O  K  N  A  B  G  J  V  E  S  L
G  O  A  P  I  L  K  O  L  H  W  V  N  K  O
M  Ĝ  U  K  D  Y  S  J  N  F  P  X  O  I  R
K  I  E  L  U  C  I  N  D  A  R  O  T  M  B
K  Z  Y  T  X  M  G  A  F  J  K  U  S  H  R
A  U  G  F  J  F  I  P  G  C  G  Q  E  X  A
P  L  C  O  V  M  N  S  Y  L  Y  W  T  R  S
I  E  R  H  M  J  E  R  H  G  V  V  A  C  I
T  S  B  T  U  J  L  D  E  L  T  E  Z  E  K
A  A  R  L  H  O  P  B  R  S  X  R  R  R  A
L  V  O  H  N  P  L  F  O  R  T  A  N  T  V
O  B  O  R  C  U  A  W  X  D  J  I  G  E  R
O  F  T  E  O  A  M  N  W  N  Y  C  C  M  Y
```

OFTE	MIKSI
FLORBRASIKA	MALFRUE
PANJO	FOR
RESTI	PILKO
VERA	MALPLENIGIS
ELUZIĜO	BRAKUMIS
KIEL	CERTE
ATESTON	BANKO
ESTABLI	KAPITALO
REGI	ĈAR

Puzzle 33

```
A  L  I  R  B  G  O  T  N  A  D  E  S  O  P
G  N  F  J  U  T  M  R  E  Q  M  F  M  R  Q
F  S  E  X  F  Z  A  A  L  A  U  T  R  I  V
A  K  U  M  O  G  W  N  X  S  B  E  J  R  F
M  A  I  B  O  C  H  Ĉ  O  I  Q  F  L  A  N
I  T  I  B  A  N  F  I  S  N  P  W  W  P  W
L  O  X  J  O  R  O  L  F  G  E  K  C  E  N
I  L  T  W  R  S  G  O  Q  A  U  T  B  R  L
A  O  P  R  E  T  E  R  Z  R  T  W  A  P  W
R  M  C  X  T  Z  R  H  Q  D  E  I  O  M  L
A  A  R  E  O  Q  G  P  S  A  H  L  R  X  K
Z  Z  Q  B  K  K  R  A  Ŝ  O  W  M  E  I  K
R  V  D  Z  S  K  O  N  F  L  I  K  T  O  S
D  O  R  L  O  T  B  E  S  T  O  J  O  M  E
```

SKATOLO	KONFLIKTO
TIRIS	VIRTUALA
SKOTERO	TRANĈILO
PRETER	FAMILIARA
KRAŜO	ANEMONO
DORLOTBESTOJ	GREGO
BUFO	SINGARDA
POSEDANTO	MATENO
BRILA	FLOROJ
IAM	PREPARI

Puzzle 34

```
S  V  C  X  Q  O  P  S  R  R  D  F  B  T  C
H  V  C  A  J  C  I  C  R  I  Q  Z  I  I  T
J  Q  I  T  E  D  P  E  O  U  D  P  C  R  M
M  C  Ŝ  N  G  X  R  N  O  X  U  E  I  O  U
U  R  R  A  G  S  O  O  N  E  I  B  K  D  Z
R  W  A  M  B  O  Z  N  R  K  J  R  L  E  D
S  O  M  E  H  Y  Z  O  X  U  P  U  A  P  H
H  I  E  R  A  L  A  T  A  F  B  Z  D  A  O
T  X  I  T  N  K  H  K  P  I  A  A  O  R  X
E  V  T  R  E  P  R  E  Z  E  N  T  I  O  R
R  P  L  U  M  O  U  R  A  R  E  P  S  E  V
U  P  A  R  T  I  O  I  C  L  E  W  J  F  I
R  I  K  S  Q  Q  Y  D  W  Z  K  F  K  K  U
A  T  E  L  E  S  K  O  P  O  V  O  Q  H  E
```

SCENO
PLUMO
SVINGO
BIENO
TIRO
PARO
RIDE
TELESKOPO
PARTIO
BICIKLADO

REPREZENTI
RUZA
TREMANTA
PIPRO
ALKO
TERURA
FATALA
VESPERA
MARŜI
DIREKTON

Puzzle 35

```
I  G  M  K  U  N  L  A  B  O  R  I  G  T  P
D  N  O  I  M  E  R  P  I  U  N  V  S  T  L
B  H  D  L  J  N  S  E  M  A  J  N  O  F  F
G  T  E  I  K  F  L  U  I  D  A  R  T  K  G
E  P  L  O  T  G  J  D  Ŭ  A  R  E  I  H  A
E  B  O  D  O  N  A  C  O  M  J  O  L  Q  S
H  X  L  N  B  U  N  T  A  I  S  U  F  M  T
C  T  H  E  R  V  W  S  Z  K  V  M  P  K  E
Y  W  T  S  S  T  X  P  Y  O  A  L  Q  O  L
M  A  L  F  A  C  I  L  A  J  Z  J  O  T  O
I  N  F  A  N  O  J  S  S  N  O  X  Q  S  J
Q  E  L  P  E  T  R  O  S  E  L  O  U  Z  N
S  E  A  J  C  O  J  A  L  V  E  N  A  S  X
U  T  Z  E  E  L  V  R  S  R  Z  R  P  M  S
```

KUNLABORI	KIE
PETROSELO	MODELO
PREMION	SOLVI
SENDO	SEMAJNO
FLUIDA	BUNTA
STELOJN	HIERAŬ
EBLE	INFANOJ
AMIKOJN	JUPO
MALFACILA	ALVENAS
IUN	DONACO

Puzzle 36

```
I  C  R  Z  A  I  X  T  R  Q  S  C  J  W  N
Y  K  Y  U  I  N  E  N  A  K  E  S  L  A  M
Q  Q  R  D  K  F  P  J  F  F  H  B  N  S  M
E  A  S  N  J  A  D  N  A  R  G  L  A  M  A
S  P  O  T  O  N  N  A  N  R  E  D  O  M  L
O  F  O  S  B  O  E  R  O  P  O  H  W  R  S
D  D  K  H  E  G  E  P  A  T  R  O  J  E  U
O  O  D  X  L  Q  J  S  C  R  I  P  F  A  P
X  N  A  L  E  O  W  E  T  Y  R  C  A  K  R
S  I  I  S  T  M  R  Y  K  O  B  L  S  I  A
K  S  U  T  A  P  Q  O  C  V  K  S  A  R  J
I  B  T  H  A  T  K  N  A  B  O  O  Z  O  N
K  B  C  D  I  R  V  T  K  O  R  E  K  T  A
S  U  P  O  X  F  F  W  R  O  Q  F  R  Z  A
```

SUPO	NENIU
MALSEKA	REAKIRO
DONIS	MALSUPRAJN
KNABO	MALGRANDAJN
KOREKTA	MODERNAN
POREO	SODO
INFANO	SOFO
BELETA	RAFANO
FRATINO	STOKO
POTO	GEPATROJ

Puzzle 37

```
A  T  A  S  L  A  M  F  O  C  N  E  I  C  S
A  R  U  K  E  S  O  P  C  U  M  L  E  Y  I
I  N  O  F  H  U  N  K  O  M  P  A  R  U  D
U  O  T  S  I  G  N  I  T  A  R  B  O  J  A
B  G  G  A  C  O  O  O  Q  R  S  Y  R  L  N
H  A  V  T  Ŭ  I  R  N  P  A  T  R  G  M  T
E  C  S  Z  I  D  A  K  F  L  A  E  N  K  A
L  E  R  T  K  K  P  L  H  U  C  B  I  U  S
P  R  L  I  O  W  I  O  A  P  S  S  F  A  V
F  T  F  M  N  N  R  Q  D  O  H  B  D  W  L
U  I  G  V  A  G  O  Z  R  P  H  T  K  W  P
L  G  R  E  Z  I  Q  N  K  O  N  F  E  S  O
L  A  X  R  A  L  I  N  I  O  C  H  A  S  T
Y  S  Z  T  F  G  R  I  M  P  A  D  O  Y  N
```

ATINGIS	ARO
SIDANTA	HELPFULLY
RIPARON	FAZANO
BASTONON	ANTAŬ
FINGRO	GRIMPADO
ARBOJ	KOMPARU
SEKURA	MALSATA
POPULARA	ONKLO
LINIO	SCIENCO
KONFESO	CERTIGAS

Puzzle 38

```
O G I S E Ĉ K O N D U T A S M
T R I V D V R S E T Y Z K T A
N P I B N E I F K Y S I G M L
A S L R U K P Z T P A R K O K
N M Z E V A O R I I O L Q M O
R R M O N T Z G R R F E F U V
E A I L U K I Z I Z E R N L R
L Ŭ V M H J R R T Q R N S F I
L A Q I A X V E A S O E K N A
T T V G A R T O S D Y J I T L
T N K A P D K S L K S O U A D
V A R S S H I A C P A S O L A
B E N Z I N O L S U I N C V F
O R I E N T A G O R R V U B T
```

GLASO
MALKOVRI
PARKO
ANTAŬA
EKTIRITA
PLENKRESKAN
RIMARKAS
AVIADILO
LERNEJO
RIPOZI

KIU
ĈESIGO
KONDUTAS
BENZINO
TRI
LERNANTO
ORIENTA
LUMO
FERO
SOLA

Puzzle 39

```
S  T  P  A  T  R  O  C  E  P  S  S  R  C  I
R  E  S  I  D  L  O  K  O  N  D  G  A  Z  G
E  F  R  G  I  W  G  R  G  O  F  M  T  C  R
K  R  R  I  L  I  R  B  S  P  O  R  T  O  A
O  O  I  N  O  E  R  A  R  A  T  U  O  L  N
N  M  G  O  L  Z  J  C  M  J  N  N  S  E  D
T  A  I  N  U  S  A  T  S  E  E  Ĉ  I  Ĝ  E
R  Ĝ  D  M  G  D  T  Y  L  T  C  N  N  N  G
I  O  A  A  N  G  I  B  L  R  R  O  O  A  A
B  V  W  A  A  Q  V  X  R  O  A  F  S  P  O
U  I  X  J  V  R  O  Y  D  A  J  A  W  I  Q
I  O  M  R  S  I  R  T  S  I  N  I  M  D  A
D  J  L  T  D  F  T  H  U  X  F  Ĉ  H  X  O
L  O  E  V  C  Z  A  P  T  D  U  P  O  K  A
```

SPECO	FROMAĜO
SPORTO	TROVITAJ
SIDLOKON	BRANĈO
PATRO	ERARA
RIGIDA	GRANDEGA
ADMINISTRI	KONTRIBUI
BRILI	ONI
ĈEESTAS	TRO
ANGULO	ANĜELO
SERIOZA	JARCENTO

Puzzle 40

```
P R D R M N P N B I I N Y Z H
A E E S C I R I N E R P U S
R S M A I K F U R J O Z F Z I
D P O B R E V S D H D N Y F M
O O N A I C A N O G N O P S P
N N S A V A H S U O Z C Z Z L
P D T M M J V Z C K G B R Z I
E O R D E C Z Y U I U K S N C
T S I U T S W Q U S V Y F K A
O K E B I F E R O C A O C P S
N E D T A O W Z I I Z I L O K
H F D G L S K V F D N H F A V
O E E R P D R W E F J D J S U
L Q P E A L N G D P I D R T O
```

BEKO
SCIVOLA
KIAM
ARDEO
TIAL
NACIAN
DEMONSTRI
IMPLICAS
HAVAS
VERBO

BIRDO
SUPRENIRI
KUN
DEFIO
FEROCA
SPONGON
PARDONPETON
SKUI
KOLIZII
RESPONDO

Puzzle 41

```
H B X Q L L R I C E V A S P J
M R X P Q O E H G E X O N U O
G L A N O J Ĝ O K Z Ŝ V W T G
L E L A Z W T A N M O A M R R
E K I L A P C X N O K M D A I
I S V P P M F O H T O L K R I
P T I O N F C O Q U A T A T Ŝ
Q E C R A B K I U J I R I N E
P R X T C Ŭ U P A Q L Y O L G
Q E B I E Z D Ĉ I U J A R E C
K N G S D B K I N I B M O K I
P I Z O E Q R D S A N E V O M
K O L O N I A N O J B E L G P
Q J V M S O R T I M E N T O W
```

KOMBINI
CIVILA
KIUJ
PUTRA
RICEVAS
AŬDIS
ŜTATA
ŜOKO
GLANOJ
KOLONIANOJ

VENAS
PIZO
LOĜANTARO
LEONO
SORTIMENTO
ENIRI
NEDECAN
ĈIUJARE
EKSTEREN
ALPORTIS

Puzzle 42

```
X D R V A Q S Y L S M U P Q O
S A E E T N A R U K I L A A R
M Ŭ F R T A V D G U Z Z R M D
S R O Ŝ H N G M V R E L D A I
U O R I E Z A O K Z R V O L N
B N M A S J Z W Y I O K N N A
T A O O L P O T E N C O I O R
E K L P E N I K O M Q T U V A
N I A U N B R X I N E E E A W
I G I B D B U E K E Z K G T L
L A C A H I F U U R T Q N P U
N R S R I P O S E D A Ĵ O A J
N T M A N I E R O T M I P O D
D A N Ĝ E R A V M G V Z R Q H
```

KURANTE

MIZERO

REFORMO

DANKEME

DANĜERA

PARDONI

PENIKO

SUBTENI

AGO

LACA

VERŜI

MANIERO

FURIOZA

DAŬRO

POSEDAĴO

TRAGIKAN

MALNOVA

LUDI

ORDINARA

POTENCO

Puzzle 43

```
C X P N A C F G E X S D M E I
M A L F E R M O S N O Y A R C
U R A G A N O L Ŝ A J N I S D
S H Z C M U M A P X A I V T A
E U B A P N T K X A W V I A T
N P D E R O I T M K G S Z D R
E S L N O C R O E V F I I I E
S S R M F E T E P H C P T O V
P X K E E R H L V M H M O E E
E K C T S T C O M E U O E J N
R O C I I A X H W P R R P D O
A N B R A R N A S H I M T D O
H J E V D K T S T L M A O Ŝ B
I A E I H O J D C P U A F S U
```

OLEO

DATREVENO

ROMPIS

PROFESIA

VIZITO

URAGANO

STADIO

PAGI

SENESPERA

VERMO

LAKTO

NUN

ŜAJNI

CERTA

CRAYONS

VIN

MALFERMOS

ŜTRUMPO

ENMETI

RITMO

Puzzle 44

```
A  D  R  O  N  H  E  D  J  B  A  S  D  F  S
T  R  Q  F  J  C  N  J  U  I  T  C  O  I  K
K  R  B  Y  O  R  H  G  W  V  A  H  L  N  R
M  F  A  O  N  U  A  C  V  E  E  O  Ĉ  A  I
O  J  D  V  O  A  V  I  O  L  B  O  A  A  B
L  D  L  P  I  L  A  O  J  B  F  L  N  O  O
E  E  I  H  L  D  S  Q  X  N  Y  B  G  J  T
B  U  M  Q  I  I  E  Y  G  Y  N  A  S  Y  A
E  G  Y  D  M  A  M  B  N  Z  Q  G  T  Y  B
Y  K  H  E  R  M  I  U  L  B  M  L  X  Q  L
S  I  M  P  L  A  P  C  L  A  R  H  T  K  O
B  E  J  O  T  S  I  U  R  T  S  N  I  F  Y
W  L  X  Y  Q  A  S  I  A  D  O  T  S  I  L
Ĉ  A  M  B  R  O  Z  E  M  A  K  N  A  V  K
```

MEZO   DOLĈAN
TIUJN   LEVI
MILIONOJ   SIA
PLIMULTO   KVANKAM
INSTRUISTOJ   ARBO
TRAVIDEBLA   SKRIBOTABLO
ENHAVAS   ĈAMBRO
NORDA   SCHOOLBAG
MILDA   FINA
LISTO   SIMPLA

Puzzle 45

```
X Z S Z K O E H V H T K P A A
Y V O A B O L U A R P A L N A
S W L B E F M K E W T H A T O
M X D S V U P J A N P S A J
Q P A U Y H Q T L Z F X T Ŭ E
M P T F G T J F P E C E O A Ĝ
K X O I T I V E P M K H B N A
R O N Ĉ R A H D M O K S I R V
V Ŝ M A B U N D U X V Y A L O
Y U B E L U C I É R N A G A S
M D I E N B E S T O J N L D J
H V N J O T S E B T O L R O D
J M X Q U R O N A S L A M E F
M A L T R A F I P I O C R N I
```

KOMPLEKSA	KOMENTO
DORLOTBESTOJN	FEBRO
HUFO	NUBA
SOLDATON	MALSANO
MEZA	SOVAĜEJO
PLASTO	PRAULO
DUŜO	SUFIĈA
ANTAŬAN	MALTRAFI
LUCIÉRNAGA	RISKO
EVITI	BESTOJN

Puzzle 46

```
N  V  E  N  I  S  Z  U  K  K  T  P  O  M  P
O  A  J  N  J  O  K  L  U  B  U  R  M  B  R
R  K  G  L  O  S  A  R  O  D  Q  P  M  N  O
M  O  N  O  D  L  E  V  H  J  Y  X  E  E  D
A  V  A  L  E  H  L  A  M  H  N  L  T  O  U
N  R  U  T  I  Z  E  H  Z  I  F  T  D  W  K
Q  I  A  Q  L  I  M  P  L  I  K  I  T  A  T
M  T  X  H  B  E  B  O  N  A  N  F  W  U  I
B  A  G  W  L  T  T  R  A  K  E  T  O  N  L
P  R  O  C  E  D  O  I  C  R  F  N  G  O  Y
M  I  Q  F  Q  G  H  X  K  I  F  M  P  W  A
I  N  T  E  R  V  J  U  O  O  D  A  G  E  R
X  Z  H  T  B  K  F  G  P  I  U  M  X  D  B
X  I  K  L  O  K  O  T  E  R  M  I  K  A  M
```

KOVRITA
BONAN
GLOSARO
PRODUKTI
ELDONO
MALHELA
IMPLIKITA
TERMIKA
RAKETO
NORMA

VENIS
AJN
KUPEO
LOKO
ATLETIKO
INTERVJUO
REGADO
HEZITU
BULKOJN
PROCEDO

Puzzle 47

```
A  X  M  D  A  S  G  Q  Z  Z  R  H  G  N  F
Ŭ  A  E  A  O  Y  C  U  P  R  H  K  N  C  Y
T  L  L  W  N  R  S  E  N  Y  N  U  T  R  U
O  T  A  B  M  W  A  I  N  O  T  R  A  E  K
V  L  Y  T  U  T  G  G  Ĝ  A  Z  C  D  Y  L
O  G  D  V  L  J  R  I  A  I  R  J  R  R  B
J  U  W  C  T  K  O  L  S  L  K  O  E  E  P
O  C  P  Y  I  R  Z  A  H  A  F  S  V  V  N
P  U  R  A  P  O  C  F  F  I  R  M  A  E  E
R  P  T  O  L  N  J  V  Ŭ  A  R  O  K  N  A
T  I  P  P  I  O  R  V  O  K  L  A  M  O  F
B  N  Ĉ  P  K  O  J  Y  H  M  U  F  O  J  Y
D  U  C  A  O  K  M  L  X  Q  W  E  P  H  W
A  P  L  O  J  M  Z  U  W  M  O  L  N  G  U
```

MALKOVRO	SCENARO
BATO	VERDA
NUTRU	ARTON
ZORGAS	NASKIĜIS
REVENO	PUNI
RIĈAJ	PURA
MULTIPLIKO	AŬTOVOJO
ANKORAŬ	MUFOJ
KRONO	ALIA
FALIGI	FIRMA

Puzzle 48

```
B  Ŝ  C  T  N  V  O  X  R  Z  S  Ĉ  O  I  Q
I  A  P  X  C  D  H  C  U  F  U  N  E  M  D
L  F  I  D  U  P  S  B  L  B  G  E  L  C
D  O  L  I  S  A  L  R  O  F  I  S  L  U  O
O  J  O  R  E  T  W  B  D  N  T  I  E  S  M
N  Z  T  E  Y  O  D  W  M  R  A  Q  K  T  R
M  M  O  K  J  Y  T  U  X  J  A  I  T  N  O
I  P  Y  T  D  N  M  J  L  W  F  S  E  V  T
O  U  V  O  L  E  T  N  A  M  A  U  B  Y  Ŝ
Q  Y  K  R  V  H  J  Q  Q  R  K  B  L  C  N
V  F  O  O  B  O  L  G  R  E  T  T  A  B  H
K  A  L  D  R  O  N  O  I  V  O  E  A  K  V
E  K  S  I  G  I  I  L  I  S  R  N  V  Q  E
P  E  R  I  O  D  O  S  T  V  O  O  O  K  R
```

DIREKTORO	EKSIGI
TERO	PERIODO
FORLASI	ILI
FAKTORO	MANTELO
ELEKTEBLA	TRAJTO
SUBTENO	ŜAFOJ
KALDRONO	TERGLOBO
AVO	PILOTO
ŜTORMO	SUBITA
BILDON	ĈELO

Puzzle 49

```
H  F  V  K  N  R  T  M  B  E  Q  J  H  S  I
F  A  U  Y  U  J  N  I  L  D  I  A  X  L  N
R  L  L  N  R  L  E  L  I  Z  Y  G  F  I  T
A  I  U  T  K  V  P  I  Z  O  P  S  S  P  E
K  N  M  G  I  C  A  T  X  T  E  X  N  O  R
O  S  W  D  I  G  I  O  C  I  Z  O  O  I  X
N  T  F  Q  D  S  I  O  A  M  A  T  J  E  B
T  R  U  W  E  S  I  T  N  O  K  N  E  R  O
I  U  I  O  K  I  F  L  A  L  M  E  R  Q  A
S  I  B  F  A  Z  A  U  V  P  N  M  I  I  Z
V  S  S  A  J  D  R  Z  I  I  K  G  N  B  N
K  J  A  D  R  U  T  E  D  D  D  A  E  X  L
K  O  N  C  E  N  T  R  I  T  A  R  J  H  H
D  O  N  A  C  O  J  L  K  G  V  F  Z  W  R
```

DIPLOMITO	FRAGMENTO
MILITO	ENIREJON
SLIPO	REZULTO
FUNKCIO	DONACOJ
INSTRUIS	NUR
FLUGIS	RAKONTIS
INTER	TRAFI
RENKONTIS	HALTIGITA
EDZO	KONCENTRITA
PEZA	DEKA

Puzzle 50

```
Y  E  A  E  K  R  I  T  I  K  O  A  Z  F  E
Z  L  L  Y  K  N  B  F  D  N  I  D  V  E  S
D  E  L  B  A  O  D  E  R  K  R  E  M  R  P
I  K  R  P  U  V  N  V  E  T  E  R  O  M  L
P  T  R  S  L  L  X  O  Z  Y  C  A  Y  E  O
I  I  O  T  O  U  L  F  M  C  M  M  W  N  R
N  S  V  I  R  D  Z  F  V  I  C  A  F  O  I
G  E  O  Ŭ  A  L  E  K  N  U  O  G  G  L  E
L  H  M  N  P  O  R  E  B  E  N  A  Ĵ  O  J
O  Ĝ  Z  P  Z  E  E  E  E  Z  P  B  J  R  O
P  I  I  E  O  G  N  I  R  I  S  A  O  Q  R
Q  V  Q  S  L  R  E  S  A  Ĉ  A  L  P  V  I
   M  A  L  A  L  T  A  I  J  R  N  E  H  V
M  R  I  E  J  F  V  O  J  A  Ĝ  O  H  J  O
```

FLUO	ELEKTI
VOJAĜO	PLAĈAS
ESPLORI	ERMENO
SIRINGO	LAŬ
TENERE	VETERO
ĜIS	KRITIKO
PINGLO	PENSI
EKONOMIO	PAROLU
VIROJ	MALALTA
EBENAĴOJ	MERKREDO

Puzzle 51

```
L F L D X X F M L D T M S G N
I U T G T Y O E N I T A K E E
B T N C I L R G K K Y N F E K
E B K V I C T A R U Z Ĝ Y D D
R A O O S E O T T O M A G Z E
E L N L K D V P U J Z Ĵ E E C
C O D B I P O D A Ŝ Q O V C I
O D U J O X T Q X G O R L O D
C A T J Z W S I R I D O W F O
H K O I O U A L Q D V L D P M
H U V V R D K X G V G F J H J
M D K I K I O X T M M N U T P
G E J C P G S E N W U U R U L
M V B U B A L O C D O S V O S
```

TINEO
BUBALO
EDUKADO
GAMO
GEEDZECO
ZORGO
IRIS
FORTO
TUŜO
DIRIS

FUTBALO
NEK
OVO
MANĜAĴO
SAKO
DECIDO
KONDUTO
SKIO
SUNFLORO
LIBERECO

Puzzle 52

```
K X K I X Q Z Ŝ C U F J K C B
O L O N G I S P I I W B X K C
M A N T I C W V Y A K I D J N
F N T E U M K P O L R L S J Q
O A R L L B O T N E I C O V K
R S O I X S H V I P E O T O N
T O L G J K Z B R O M C I Z O
O N O E U M W J O R O R L I C
D O C N D B Y R J O Z E Z R N
I J O T D E F H N N V Z T E E
V A Ĝ A S T B K I R V K D Ĉ T
U R D E D H D L S S M E V W O
W K T I P A A O A P I R T C P
Y E E Q W N Q G R V Z I B G K
```

DIKA
KOMFORTO
ĈERIZO
ŜIA
VIDO
EKZERCO
ANASO
EBLA
POTENCON
CIKLO

SINJORINO
NOTO
LITO
KONTROLO
KVOCIENTO
SAĜA
SIGNO
KRAJONO
LEPORON
INTELIGENTA

Puzzle 53

```
Q G D A E O W M O Y U T F S S
I Z Ŝ O F D O A A T K A I U O
S W T T T N T L S I I K D B R
B L U A A U O L E D Ĉ S U M B
C Q H T A L W I S R S I H E A
H G S I T E O B P E I E F T S
E Z G R R D Ĝ E S P T D G I N
T F B O H N A R A V K R F Ĝ O
O B D T M S D E Z W Q E I I N
K B G Ŭ M J D J C N Q G K Ĉ O
U L M A Q K K O X E U A C A I
Y B A R E Z I S T A S L I P G
Z B E S Q O E S M B Z A O O K
B Q R M O R W B E B O J N J R
```

SORBAS	KVARAN
ĈIAM	AĜO
BEBO	REZISTAS
EGALAJ	LUNDO
MALLIBEREJO	AŬTORITATO
FIKCION	SESA
ŜTALO	SUBMETIĜI
BLUA	PERDI
TAKSI	ĈAPO
KLASO	FIDU

Puzzle 54

```
Z  N  O  D  N  A  I  V  M  U  F  L  M  K  P
L  O  T  P  T  T  Ŭ  T  B  A  R  V  V  O  R
B  G  U  T  V  E  D  T  P  W  I  R  V  N  I
E  T  S  O  P  R  L  U  U  A  N  Z  J  S  V
L  F  J  A  S  P  I  L  E  N  N  R  O  T  I
S  M  M  R  K  K  R  E  Z  J  O  D  T  R  L
P  K  I  S  O  A  S  I  Y  O  M  W  N  U  E
E  B  H  Z  X  Q  T  Y  P  S  E  Y  E  A  G
Z  D  E  B  A  T  O  O  Q  A  L  V  D  Ĵ  I
I  K  O  M  E  N  C  I  S  L  B  E  C  O  O
R  E  D  U  K  T  I  F  H  G  O  R  I  Q  K
X  O  Q  A  R  N  F  K  B  G  R  O  G  O  Z
L  D  X  G  Q  B  M  F  S  V  P  N  N  J  W
Z  I  N  G  I  B  R  O  O  D  C  Y  O  G  B
```

GLASOJN   PRIVILEGIO
DENTOJ   POSTE
PROBLEMON   VERON
KATO   ZINGIBRO
KONSTRUAĴO   VIANDON
KISO   ELIPSAJ
DEBATO   REDUKTI
ELSPEZI   PRETA
CIGNO   AŬTUNO
KOMENCIS   MAIZO

Puzzle 55

```
Q  J  C  T  J  H  B  B  C  B  G  C  W  S  K
X  W  H  A  T  I  N  E  R  P  R  M  F  T  A
U  C  H  Ŭ  I  K  Y  J  J  O  H  E  H  U  R
I  Q  P  G  S  B  I  O  T  R  K  J  B  D  I
Y  J  R  A  S  A  O  I  Y  K  R  O  U  O  B
M  C  S  S  R  E  C  C  S  O  S  F  L  J  U
K  A  R  T  O  I  N  U  A  K  G  K  V  B  O
I  Z  D  Z  Y  T  D  T  N  U  T  L  L  Ŝ  K
B  O  N  V  O  L  U  I  O  L  R  E  A  A  A
K  R  I  E  G  O  N  T  N  T  K  K  S  N  N
K  O  R  T  O  U  O  S  C  D  E  G  A  Ĝ  A
P  E  R  S  O  N  O  N  T  C  A  Ĵ  N  O  R
N  C  B  T  J  S  E  I  W  G  P  C  T  G  I
Y  B  H  V  M  L  O  C  E  R  U  K  E  S  O
```

ĴETO	SEKURECO
BONVOLU	PORKO
KORTO	RIDINDA
KANARIO	LASANTE
INSTITUCIO	KARTO
PERSONO	PRENITA
KARIBUO	KRIEGON
TAŬGAS	BLOKO
STUDOJ	SANO
KELKFOJE	ŜANĜO

Puzzle 56

```
D J O S K E D N I Q A A Ĉ I R
O B Z Z W U W M B R V K J O F
Y K E W Y K N R O M R O F N I
X P R C C V X V W M Z M J O O
X Q P J V N Z U E I G P S F W
P V X O B E S T O N I A T E A
Z E O T S K E T D Q O N R L U
Q G Z N D Q A X I G L I A E G
T O X A S D C K F W J D N T N
T E N L S T I M A S E S G Y P
N S N P V O Z H Ŝ B M D A E C
G F V V I N T R O K U T K A L
H A Ŭ T O T N S N A J L O A K
P T L W P C T L E A F N G L G
```

TIMAS
TEKSTO
HAŬTO
PEZAS
PLANTOJ
AKOMPANI
ESTOS
INDEKSO
STRANGA
ŜAFIDO

RIĈA
MEJLO
LAKTUKO
INFORMO
BESTO
PREZO
TELEFONO
NAJLO
KUNVENO
VINTRO

Puzzle 57

```
P M A S A K I T K A R P C R J
O O W X K G R U M B L A S T U
Ŝ N G K I Q I O A L E B A P Ĝ
T I N J R I G O S N E M Y E O
M T O G A J I A Y H G O I R I
A O T Y N V T I D J B L E L C
R R E K T O N I L K N O A A A
K O L G A L E G U W V T T B S
O D E V S E D M O Q U R Z O R
J O K F Y W I J W L J O G R E
Y X S G X S M E X L F V Z I V
A L X S P R N A Ŭ D O E N L N
O R T O G R A F I O N N T U O
V W H M J L T J R Z B Z W O K
```

MONITORO
VORTO
JUĜO
PERLABORI
KONVERSACIO
POŜTMARKOJ
VOLE
PRAKTIKAS
ORTOGRAFION
ANGLA

AŬDO
SKELETON
GRUMBLAS
MENSOGI
IDENTIGI
GOLFETO
SVEDO
AKIRANTA
ABELA
ONKLINO

Puzzle 58

```
Ŭ  A  K  R  I  Ĉ  D  F  L  A  N  K  O  A  H
D  Z  T  K  L  P  Z  I  R  I  P  S  M  D  H
E  U  T  E  G  R  O  Z  S  J  U  N  E  N  M
T  M  K  V  N  K  X  T  Q  P  A  Q  T  K  N
R  A  A  X  F  T  J  H  A  P  O  T  N  E  D
A  T  Ŭ  H  Q  E  A  O  H  K  V  N  P  N  T
N  K  Z  G  B  W  T  J  T  H  I  U  I  A  D
Ĉ  U  A  F  D  Z  A  N  Y  E  D  E  K  G  X
O  Z  S  I  Q  V  K  M  K  F  N  D  P  J  U
J  Z  N  N  D  F  O  G  F  D  E  D  Q  F  X
A  G  O  E  U  O  M  N  G  D  T  F  O  E  F
L  U  D  U  S  G  P  R  P  I  E  F  I  P  U
W  R  R  E  Ĝ  A  D  N  U  F  O  R  P  W  E
O  T  O  G  I  T  S  N  I  X  R  N  U  Q  Y
```

ETENDI	REĜA
SPIRI	ATENTAJ
MOKATAJXO	DEK
INSTIGO	ORDON
AMUZA	KAŬZAS
TENDO	ĈIRKAŬ
TEMO	DENTO
FLANKO	PROFUNDA
DETRANĈO	FINE
ZORGE	DISPONIGU

Puzzle 59

```
K  L  F  O  L  K  L  O  R  O  D  Ĉ  B  T  L
R  A  K  Z  V  Q  J  X  A  C  B  I  Z  P  R
U  S  O  L  I  L  U  K  L  A  K  E  Q  V  O
R  J  M  K  F  Q  N  M  R  J  M  I  Y  H  O
O  U  P  H  E  J  M  O  N  O  I  C  E  L  M
J  H  A  L  C  J  W  T  X  Ĝ  S  F  A  K  B
U  S  N  H  Y  S  A  A  A  L  A  O  D  M  R
A  F  I  N  G  I  S  L  I  A  L  T  R  K  O
J  P  O  G  K  I  Y  I  W  M  E  A  A  F  R
B  S  V  C  I  C  Y  R  N  H  R  M  Z  J  E
P  U  Ŝ  O  N  S  I  L  Q  F  E  R  A  V  P
P  X  F  U  V  L  A  K  U  B  V  O  H  M  A
F  P  A  E  H  C  T  P  O  I  K  F  Y  C  P
K  J  O  M  A  L  S  T  R  E  Ĉ  I  Ĝ  I  T
```

HAZARDA	RILATO
KVERELAS	ROSO
PASIGIS	FOLKLORO
HEJMO	KOMPANIO
SCIIS	PUŜON
OMBRO	FORMATO
KALKULILO	PAPERO
MALSTREĈIĜI	ĈIE
MALĜOJA	LECIONO
KRUROJ	SIGNIFA

Puzzle 60

```
V V A X L C I Ŝ R U S N D Y L
E A H W D E N W A A R A Ŭ P O
T R B W N T S R D T Y A M A J
K I R M O E P A A Y I T Y A N
U O U U S R E Ŝ K N S S K T N
R O N D R O K E A T E N D I B
O L A H X O T R M N T G S G W
F I S V I Z I F Q O Z A H I X
E D N Ĉ E F A N Y R C T C D U
K O R T U M O T U T F I E R S
W K I K L N Ĉ T W S P M A O V
A O M T D U R R U A F O X N Q
D R T D Q O E X Z M E N O H N
D K I O N V S N N A S K I Ĝ O
```

NASKIĜO
KROKODILO
SERĈO
KORTUMO
BRUNA
MASTRO
VARIO
NOMITA
NAŬ
VETKURO

ORDIGITA
FREŜA
ZOO
INSPEKTI
CETERO
ATENDI
ŜATIS
RAŬPO
EMOCIAN
ĈEFA

Puzzle 61

```
A  I  D  M  J  S  K  P  H  B  S  C  V  I  A
V  N  C  I  M  F  O  U  R  X  E  G  F  N  G
I  S  K  N  C  M  R  S  D  E  J  N  V  Z  O
Z  T  I  U  D  D  O  S  Y  N  M  Ĉ  K  Z  L
O  R  A  T  B  O  T  E  L  O  F  O  I  U  L
K  U  L  A  J  A  G  O  M  G  L  P  N  U  A
Z  A  I  J  V  S  K  D  P  I  A  R  Q  C  Q
D  S  T  V  C  F  I  J  U  T  N  E  H  L  Q
J  O  N  I  R  I  V  D  A  A  K  C  U  W  X
I  T  E  P  Y  J  N  S  I  D  O  I  K  X  J
V  Q  Ĝ  A  K  G  B  P  O  S  J  P  S  L  F
V  M  L  B  Y  J  E  G  Z  I  I  E  U  Q  S
P  Q  A  V  A  L  F  B  O  Ĝ  O  L  R  O  H
D  E  M  A  N  D  A  S  M  O  R  G  A  Ŭ  V
```

PREMON	ĜISDATIGO
MORGAŬ	ALLOGA
HORLOĜO	MALĜENTILA
VIRINOJ	PRECIPE
AVIZO	DEMANDAS
MINUTAJ	VIA
INSTRUAS	SIDIS
GAJA	BOTELO
KORO	ĈIU
FLANKOJ	FLAVA

Puzzle 62

```
N Z J J M F T U A Y S Z S M B
U W F K O N T R O L I T A U O
T F L E N L R A Z U D U C Z K
R N A M E S E R G A N I N I S
A I V R P A G T E Q A C E K A
Ĵ E Y B I X R I O N M N T A D
O V W V E G R E R M E I N V O
J I K I D N I L O F D D I E D
N Z T R O D E M A N D O N S I
V U U O K U Ŝ I S A T R O P S
E L V I N B E R O L D G Q E K
H K S Z Q M A A Q O O N Q R U
J N V B V I X X R M Q K I T T
I I M J I F P A W C B J L O O
```

SPORTA
AGRESEMA
MOLAN
KONTROLITA
KUŜIS
BOKSADO
VIRO
VINBERO
INDIKI
NUTRAĴOJN

MOTELO
INKLUZIVE
PIEDO
DISKUTO
DEMANDIS
DEMANDON
VESPERTO
MUZIKA
AREO
INTENCAS

Puzzle 63

```
A I S I C F Q U F M M A B P G
D T P V O M R O D L A M K D A
R N I V K I Ŝ A P J O N O S Z
E O O V S D F T P U V N V R O
S R F V K R S I R I K A G L N
O E C V A A A Y Y Ĉ L R K A O
N Ĝ F E S Ĵ L A Ŭ T O R O C N
R N M E T S O W X J T O F R Z
V A S Y A N V J L L M W A E R
W D D E L I K A T A G I L M D
Q N B Q X J F E L I Ĉ A O O J
Q S L J O L B Z Y I M V S K L
G D A Y X G Y S I B V F V Q B
I V S V F R A K T U R O E Q F
```

LONGA
ĈIUJ
FALOS
FRAKTURO
DELIKATA
MALDORMO
KVIN
PAŜI
KOMERCA
ADRESON

NOVAĴOJ
FRAPI
DANĜERON
AŬTORO
GAZONON
ARDI
FELIĈA
VOLAS
AKIRIS
SONO

Puzzle 64

```
A P T W R M N X A H O R G S O
W D A B G C U G X J N K A L F
I O M R E X M Z O X I A J B K
N K K I T N Q K I O B R N G U
O E I Ĝ N O K O K K M O I I R
L T I A A I P J V O O T S U T
I O I N L D S R N M K O P A E
T I B R O U O T E R T R O P N
U L O Z R F K V R N W S V K O
P B Y B A O G I U A I L K Q J
M I T B P J I O G E D R O P N
O B N O C E T L A Z P O T Y U
K M U L T E A D O P T I X B U
R W V K S I N T E N O N X O V
```

PAROLANTE   PORDEGO
ADMINISTRADO   KURTENOJN
KOMBINO   ADOPTI
ALTECON   ULO
KAROTO   MUZIKO
KOKO   MULTE
GAJNIS   DUFOJE
BIBLIOTEKO   SINTENON
NAĜI   PORTRETO
KOMPUTILO   PARTOPRENI

Puzzle 65

```
A F A R G L B J R V I C S M M
L H P Y W K A J U I J M T U A
W X J O C V B G A Ĝ D S U L Ŝ
T U T A N O S K E L I D J T I
G R A N D I O Z A T Y S I A N
L O Z I P G L B L G O E T J O
P Z Y C R I U M E S W P K O N
T U F I O U N P C P X G E T N
D J C D C L U H N R Y W T S F
U E H E E O K Y E A R D O E A
G Z T M Z V L W S J G D R N C
H E W R O E C I R K L O P Z I
X W F F U K U D R I L O H G L
N E T A Y O P E N A D O C E E
```

MULTAJ	TUTAN
LAGETO	MEDICINA
PENADO	KUNULO
JUĜISTON	KUDRILO
GRANDIOZA	SENCELA
CIRKLO	NESTO
FACILE	PROTEKTI
EVOLUIGI	DETRUO
MAŜINON	PROCEZO
NETA	ILEKSO

Puzzle 66

```
T  D  P  O  V  I  S  A  V  O  R  P  J  D  S
E  N  E  J  F  S  J  J  H  D  M  C  K  I  U
L  K  W  K  I  M  P  O  S  T  O  A  P  S  N
E  F  E  Q  L  M  B  L  J  O  V  Q  B  T  S
R  O  K  I  T  I  L  O  P  F  R  N  X  R  U
O  B  X  J  P  I  V  C  U  P  O  D  L  I  B
Y  S  I  I  F  D  P  O  Z  Q  K  T  J  B  I
X  R  Q  O  C  E  D  I  P  A  R  D  R  U  R
C  K  U  X  O  O  C  N  A  T  S  I  D  I  O
E  I  S  J  A  I  H  H  W  R  H  Q  M  X  N
I  A  T  N  E  D  U  T  S  U  A  L  D  G  X
Y  L  B  A  Z  A  A  M  K  P  F  K  T  J  O
M  A  L  L  O  N  G  I  G  O  N  J  G  Y  C
L  B  Q  W  P  S  A  A  X  T  R  Z  H  L  J
```

KORVO
BAZA
KARA
COLOJ
DISTRIBUI
KIAL
IDEO
MALLONGIGON
BILDO
IMPOSTO

AMO
DEKLIVO
POVIS
POLITIKO
DISTANCO
SUNSUBIRO
STUDENTA
PROVAS
TELERO
RAPIDECO

Puzzle 67

```
Z  T  O  P  B  S  A  L  U  K  R  I  C  E  I
K  O  A  S  A  K  N  A  D  S  Y  M  Z  N  N
U  L  R  B  A  R  V  C  A  U  J  P  T  U  G
I  E  S  G  U  D  O  F  W  D  I  O  A  I  R
C  B  V  B  E  L  P  L  Y  A  M  R  R  G  E
G  I  G  I  P  M  O  R  A  Y  U  T  L  I  D
J  L  D  P  H  H  A  N  V  D  M  A  H  S  I
U  V  H  T  G  K  T  C  M  W  O  D  U  C  E
O  Q  V  I  R  O  M  E  M  X  N  O  G  D  N
E  L  E  K  T  O  M  I  L  F  M  Y  D  T  C
S  T  W  I  S  U  K  C  E  S  A  O  M  Z  O
L  B  L  L  P  L  E  N  A  N  L  J  K  O  H
V  L  H  P  P  E  N  T  R  A  Ĵ  O  N  M  U
K  R  E  A  D  O  L  D  J  V  N  F  I  E  B
```

MEMORI	SUKCESA
ZORGEMA	DANKAS
SUDA	ROMPI
PAROLADO	LIBELO
TABULON	APLIKI
PENTRAĴO	LIMO
INGREDIENCO	IMPORTADO
NOMUMI	KREADO
ELEKTO	ENUIGIS
CIRKULAS	PLENA

Puzzle 68

```
N M Z O G W G M V G F Q Q M U
A L A U E T I E G U O A I I B
T D U L O L Z Z A S R N K N S
S J I A B Q D U Z T G P U O K
O N M A W O W R E O E P L R V
K D E P Ŭ S N I T K S O E A K
E Z I E P K T A A S I L R O Q
T W G S W A L J R E S I O L A
L K I A K T O E O K T C D M W
U X R T P U W P R U B O G G Y
M X Ŭ S A I T X D R K X R U J
V G A E Ĉ Y C I M E I T E E U
D J D C J T R A N S I G O Y S
C R E R O N O H D E T A L E R
```

MEZURI   TAKSO
MINORA   MULTEKOSTAN
SEKURE   POLICO
FORGESIS   GUSTO
MALBONA   TRANSIGO
DAŬRIGI   GAZETARO
ESTAS   DISKUTI
KULERO   DETALE
PAĈJO   TIE
HONORE   ADIAŬ

Puzzle 69

```
H O S P I T A L O I S I M Z R
O K C I D E N T A J A I S Z E
S U R P R I Z O H I M Ŭ C Z A
O K B I I U P C Y U L M T D L
P F S L K Y F F K N V N E O A
I P Y O G M E T I T I C N I N
O S E R G O R P D W R L P P S
S M A L R T T S U R O P A R F
A N K A Ŭ O E Z L H B K T N G
S O N O I R T M A H O O I W X
N X T E J O T A L B W K L G U
E M Z D K N P A O N Z I I N Z
N U L O Z J N N M B G N M O O
Z X P C R S I I O V L O W M R
```

PROGRESO
HOSPITALO
MOTORO
BLATOJ
MILITA
KOKINO
ROBO
MISIO
ANKAŬ
OKCIDENTA

AŬTON
INCITITE
FRAPO
SUR
TRIONO
NULO
ALUDI
SURPRIZO
REALA
BOATO

Puzzle 70

```
J I Z N T T J P E J O T N U F
G R A N D E C O K A K D Z Z A
M H G W X X O O C R E M O K N
R D K O M U N A G O P L V B T
E D I P A R I A M J O Ĵ A D I
L B G E N Y R P T I G Ŝ T I K
S O I Q S W T O O A N A I R V
R K N O K R A M F M P U L X A
H Z E P X G P B J C O U T Y S
B A L E N O L U K S A N K O G
D C P S T R U K T U R O F O J
W F L P E R M E S I S G T Y N
H H A E I U R T S N O K I O N
U P M G H T D Q X A E X N I J
```

RAPIDE
MINUTOJ
PERMESI
MARKON
KION
ANTIKVA
POMON
FUNTOJ
JAROJ
KOMERCO

KONSTRUI
GRANDECO
OKUPATAN
AĴOJ
KOMUNA
MALPLENIGI
LUKSA
PATRINO
BALENO
STRUKTURO

Puzzle 71

```
L A S T A T E M P A O J A I T
F I D I N D A T E R R N V U F
M X O P R K J Z C Y A C E B O
Q G L W B T Q Z F M N A N Y S
S K F M U V J X A J O Ĝ T W A
F S U A S A L U T S O P U O Ĵ
N P R U N T E P R E N I R A O
M E S U R P R I Z I S E E Ĉ N
E E K Y O B E D U A S S M E E
T G C T K R O M M A S L A T B
O O O A A T I T E Ĉ A W P I W
D G E X F R H P F F L O Q W M
O P R K E I O N A L I F O E D
M A L D I K A T I Z O P U S Z
```

FOSAĴON
AVENTUREMA
ORAN
POSTULAS
ĜOJA
TIAJ
METODO
KROM
MALDIKA
PRUNTEPRENI

DUA
MENSA
LANO
NEKTARO
AĈETITA
LASTATEMPA
FIDINDA
SUPOZITA
AĈETI
SURPRIZIS

Puzzle 72

```
K  S  A  Ĉ  I  F  U  S  F  P  U  O  M  M  J
R  O  U  K  Q  K  Ŭ  A  K  S  E  R  P  W  T
L  R  M  B  U  Y  V  I  M  F  M  N  B  U  T
E  M  D  U  V  E  T  U  R  I  L  O  C  P  Y
R  J  A  T  N  E  D  I  V  E  P  I  L  O  S
N  I  Z  A  T  I  D  I  V  I  R  R  O  Ĉ  N
I  S  E  N  A  S  K  R  Q  Z  O  O  N  I  M
L  A  B  O  R  O  J  I  F  W  G  T  G  V  A
Y  T  D  L  V  N  E  X  Q  C  R  S  O  D  L
G  L  A  N  D  O  G  N  A  S  A  I  C  N  M
W  E  W  J  K  A  C  I  W  L  M  H  Y  A  U
B  R  B  V  U  T  S  A  R  K  O  R  P  S  L
P  R  A  K  T  I  K  A  B  Z  D  Z  L  D  T
P  H  S  X  I  Y  Y  Y  S  I  Q  B  W  L  E
```

LONGO	PROGRAMO
HISTORIO	LERNI
KOMUNIKI	PRAKTIKA
SUFIĈAS	LANDO
LABORO	EVIDENTAJ
VIDITA	SEN
PENCON	SUB
SANGO	MALMULTE
SANDVIĈO	VETURILO
PRESKAŬ	PROKRASTU

Puzzle 73

```
A  N  T  A  Ŭ  T  U  K  O  N  P  I  D  C  S
R  D  O  U  H  O  N  H  W  E  E  C  A  V  U
T  V  Q  C  Z  B  V  D  M  G  Z  K  K  Ĵ  B
N  X  V  T  F  G  P  K  M  O  O  O  U  U  S
E  A  A  M  B  A  Ŭ  A  T  C  U  G  E  R  T
C  Q  J  U  P  I  V  V  S  O  E  K  K  N  A
Y  O  P  B  O  C  E  L  I  C  A  F  Z  A  N
K  W  X  M  A  Ĉ  N  S  N  L  F  D  E  L  C
O  K  S  A  M  R  I  V  E  S  U  R  M  O  O
L  F  S  L  A  C  O  E  T  H  P  K  P  Y  X
E  P  R  I  V  A  T  A  L  K  O  F  L  U  B
R  W  V  T  J  H  F  V  Q  O  O  F  E  A  M
A  W  F  U  B  A  R  I  L  O  P  K  R  Y  K
Y  V  R  F  A  C  B  A  S  T  O  N  O  A  X
```

UTILA	PUFA
NEGOCO	ANTAŬTUKO
NAJBARO	PRIVATA
TENIS	ĴURNALO
FACILECO	MASKO
BASTONO	EKZEMPLE
CENTRA	SUBSTANCO
PEZO	KOLERA
BARILO	KALKULI
ĈIELO	AMBAŬ

Puzzle 74

```
A E M T K E C C O H A I S M B
G D F L Z A V M E M L E I C I
A Y V K N A S A U R T E D A R
H P D O H M U I G J V C N N D
G Z T A K S F N V T S O E T O
A E O G V A I E J L G Ĝ S A J
M K Q T E V T N O J X A F Ŭ P
C E P O N O E O O V Z L O D U
A R E N O P D S L K W I R I T
S Z W N A N A B A K E V N R R
T I P O J T A B M M G R O I I
V A R M E G O I P I I Y F Z U
M G S B Z J Q N O S E M R E P
P Y S E L E K T O S E R V O Q
```

NENIAM
PERMESON
PUTRI
BIRDOJ
ARENO
TIPO
ANTAŬDIRI
KABANAN
ELEKTO-SERVO
POVAS

DETRUAS
FORNO
ADVOKATO
LAMPO
CEPON
CERVO
REKONI
SENDIS
VILAĜO
VARMEGO

Puzzle 75

```
Y C C C Q G N U S A L N U N S
I N X X I R F J H Z R L V S O
G J Z D M Z C N A N J A F V V
R B G A W E K A R I S F F X A
P V L M U S S O P I L U T T Ĝ
D J A R U T A N E C S A X N A
S A O G K N V V N G H Q O S J
E S T M K O U Z E V G G X A A
Z R Ŝ U E T L G R F H L G Ĝ Y
O E O D M K P L U R A J N O L
N V P Y M O V K A F R O S T O
O I I T G N J A R E T S K E Ĝ
J D S Z P R I N C O E T T M A
D A N Ĝ E R E I E T B Q S N K
```

PLUVA
KAĜO
SOVAĜAJ
DANĜERE
FROSTO
AKVO-
TULIPO
PRINCO
NOKTON
SEZONO

SHARPENER
NATURAJ
DIVERSAJ
ALIAJN
EKSTERAJN
PLURAJN
FAJNAN
SAĜO
DATUMOJ
POŜTO

Puzzle 76

```
M  A  R  T  E  L  O  H  D  S  D  K  Y  S  I
N  E  C  N  J  R  Z  T  O  B  S  U  O  S  D
G  O  M  P  V  Y  A  K  M  X  J  T  F  Q  J
N  W  M  G  X  A  X  K  O  L  M  I  R  C  E
Y  A  D  B  V  E  N  D  E  J  O  M  A  U  S
J  V  W  G  R  K  S  X  S  L  P  O  N  Z  I
B  O  D  A  L  O  K  O  Ĉ  L  U  N  O  C  Z
N  V  D  Z  Z  L  E  K  V  I  D  I  T  A  A
I  N  T  E  R  N  A  N  Z  M  K  B  R  S  K
D  D  I  C  M  F  A  V  O  R  A  J  E  G  O
A  M  I  R  O  I  A  R  E  S  T  O  P  A  H
V  M  M  B  O  F  R  P  E  T  O  N  S  R  Z
N  M  A  L  R  I  Ĉ  E  C  O  M  T  V  L  R
I  Ĝ  E  N  T  I  L  A  Y  Z  M  Q  I  Y  H
```

FAVORAJ	NOMBRO
DOMO	ARESTO
MIRO	JES
KUTIMON	INVADI
MARTELO	VENDEJO
ĈOKOLADO	MALRIĈECO
RANO	EKVIDITA
ĜENTILA	RIMEDO
OKAZIS	INTERNAN
PETO	SPERTO

Puzzle 77

```
M P L A T A L M E B L B F A V
S O L E M A K O A O Y P R L L
K T N V N R T N D G H S A T P
O L A T A B K S J A W M G R Q
N Z M R R G Y T I R D N O A O
G R I G I I Q R V E B U N N N
I N T F A S S O Y T N L L G K
S U U W W S S M V N D W H A W
N M K R Q Y N A K I L B U P C
I A S U N O K U L V I T R O J
E L N O N O F E L E T C M M K
X O G N U F T R A N K V I L A
A L T L E R N E J O F U A M D
F C R Q X Y L V S T C N G V S
```

MONSTRO
MALO
STARIS
SUNOKULVITROJ
ALTRANGA
KUTIMA
VERE
FUNGO
KAMELO
INSIGNO

ALTLERNEJO
PUBLIKA
BATALO
LUDADO
INTERAGO
FRAGON
PLATA
TELEFONON
TRANKVILA
MONTRIS

Puzzle 78

```
M K K O N D I Ĉ O J W O R I R
B E A A V I N O N T D K A K Q
X R D N S P I N A C O D P B W
E N E I T N A Z O R S E I R U
K P A S O A C T Q G S K D B P
N E K M J T D D C I J Y O M A
A R C V E K X O F L O R O X O
B S E A N A S I V O Ĉ D O N O
I O P R E P V G S Y T M A Y L
N N T I R M W O V X S O T N L
O A A A G O N L L H A R O J N
N I S B U K Q O Q U P L B Q A
C H Z L F B Y I U E M Z C U J
H P H O G E T B O K N O P W M
```

SPINACO
GRENEJO
RAPIDO
PERSONA
FLORO
AVINO
VOLUMO
AKCEPTAS
OKDEK
KNABINON

VARIABLO
KOMPAKTAN
MEDIO
BIOLOGIO
NAZO
KONDIĈOJ
ENE
VOĈDONO
HAROJN
KANTADO

Puzzle 79

```
D O D A L P M W A Q Ŝ A Z W Z
P I U Ĝ S B I L F C S P H B M
A L S Y W P S M U E Û H A E H
M O K T D I T Y V N K U V R S
R F M I R R E I Z K E D O E I
S T K B D A R R G P R X N F W
X Q N O R U O C W I O D N E B
S N M V H E J F R A M B O R T
M E M G Y L L I M J Q S S P V
L U L I L O S O Z M M C T B T
E Q F V G P E R E I M I B E Z
K O N S I D E R A S F U Y O L
I P M E S T O N T E C O Y I L
A E E F X Y K A F O E A F R B
```

KAFO
FRAMBO
ĜUI
LULILO
FOLIO
KONSIDERAS
PREFERE
ŜPARI
BENDO
MEM

MIL
NOVA
MISTEROJ
SCIU
PLADO
OMBRELO
PEREI
SUKERO
ESTONTECO
DISTRA

Puzzle 80

```
R  J  U  U  H  A  E  L  Z  S  L  R  S  F  I
A  B  A  S  K  E  T  B  A  L  O  E  U  K  G
P  K  Q  T  O  G  B  U  C  S  Ĝ  T  F  N  I
I  T  I  N  H  C  U  W  Q  L  N  I  E  O  D
D  K  U  T  I  M  E  U  H  O  A  R  R  I  N
A  F  D  E  I  Z  K  R  G  G  M  I  I  C  A
S  X  A  R  F  L  G  B  O  T  R  O  P  A  R
I  L  D  M  A  Z  O  O  T  A  E  M  V  T  G
N  E  U  I  I  T  Y  P  Ŭ  M  P  E  O  S  I
G  N  R  M  P  L  O  Y  A  M  S  L  W  M  L
A  S  N  S  I  T  I  C  S  K  E  B  D  N  P
R  Z  S  E  H  F  A  O  J  M  V  O  V  E  D
D  M  A  L  M  O  L  A  J  R  A  R  V  I  Y
E  A  N  S  T  A  T  A  Ŭ  S  S  P  R  D  H
```

RAPIDA
PLIGRANDIGI
KUTIME
SUFERI
MALMOLA
BASKETBALO
PROBLEMO
DRATO
AŬTO
VESPERMANĜO

POLITIKA
ANSTATAŬ
EKSCITIS
STACION
FAMILIOJ
SINGARDE
RAPORTO
RETIRI
URBO
DEVO

Puzzle 81

```
P U B L I K I G O R G I T C F
S J F I Z S T R A T E G I O F
A G Q F O Y H Y I R Z W G V O
E Z H Q P K H J W H I X F W T
K Ĉ E V U M F K V M P V E X I
S A A N S A Ĉ E T A D O C D L
P R K G O R G N I F D E I P O
O O W E B N L E G O M O J O N
R W K N R M A L O F T E I D H
T A F U U Y F U C H I T J L M
A A L O K N A S K I Ĝ T A G O
D S E N I L U Z I I G I S K E
O R O M E M A N L M T U Y E G
T D G O X S U B T E N A S V A
```

MEMORO
MALOFTE
GENUO
STRATEGIO
VIRA
PUBLIKIGO
FOTILON
EKSPORTADO
NASKIĜTAGO
PIEDFINGRO

SUPOZI
AZENON
LEGOMO
ESTI
KURBO
SENILUZIIGIS
SUBTENAS
ĈARO
TIGRO
AĈETADO

Puzzle 82

```
T  L  S  P  N  U  U  K  M  A  N  Ĝ  O  T  E
C  A  C  G  S  Y  M  C  P  R  O  H  K  J  O
Q  Ŭ  I  G  K  Q  V  F  O  Y  N  R  I  S  X
I  G  U  K  A  B  A  N  O  B  A  O  L  U  V
H  R  R  M  V  A  N  E  J  N  F  E  J  L  Q
O  A  O  U  A  Y  T  E  I  C  N  E  M  O  K
B  D  I  M  U  W  R  Q  G  P  I  C  X  L  V
R  A  L  I  R  I  N  G  O  A  Y  Y  N  I  C
O  U  H  O  G  V  T  B  F  H  T  T  V  G  Q
K  E  R  M  B  U  P  M  O  X  W  I  J  E  E
P  S  B  U  W  O  T  A  R  T  S  T  V  S  B
Z  B  H  S  G  N  K  D  T  W  H  E  F  A  X
D  O  T  E  N  O  I  M  A  K  R  L  K  J  F
X  R  Q  A  K  C  I  P  I  T  R  O  F  X  B
```

KORBO	KOMENCI
BANO	AKCIPITRO
SUMO	KAMIONETO
KOBOLDO	LAŬGRADA
KAVA	LIKO
SCIURO	MUMIO
SEGILO	RINGO
NEGATIVA	MANĜO
STRATO	VOJON
FORTA	INFANON

Puzzle 83

```
R Q F R U A S T B Q Z D C D P
L R J K Y O H P U A S O D N E
O C I D N I S G E J T Z Z S R
T O L J B A W V C G W T L I S
F Z H H A G B N O T U L A S E
L I G I T A J I S J Q L I T K
Ĉ E M I Z O U C N O Z F O E U
C G C D V D K Y R O B W K M T
S O L I K R A M T C J P V O I
H P C V V A C N A Ŝ N O B V U
T O H G W K V A P O R O M M N
J L I R Z O L U Ŭ A R T N O K
L A T I G I K E S H O D I A Ŭ
W G R E Z E R V O J W U P Z A
```

FRUA
MARKILO
SISTEMO
BONŜANCA
INDICO
KONTRAŬULO
KNABINOJ
ĈEMIZO
GALOPO
SEKIGITA

DRAKO
HODIAŬ
PERSEKUTI
VAPORO
GVIDI
TUJ
LIGITAJ
SPEGULO
SALUTON
REZERVO

Puzzle 84

```
O A O Ĉ B P T O Q J W H N S F
D O Ĝ A P R K E W B W A L I G
Q Y D P S O Y M N Q K M Z N C
R G S E D P V I Ŝ A K S V S H
B I Q L C R T S M I T T U E B
O S G O N A O K F Y N R I K M
N O J A K X M O Z A F O O V A
V K O Y R V U R K V R J N A L
E U Z E O D M P E X V U C J Ŝ
N L I B L J I P N G C D N K P
A O P J I D S S G Y A C Z O A
Y J M U R O K R E D U N X D R
B Z K P C N A B G W W T T R O
H J U A S A M Z E H Z O D O O
```

SINSEKVAJ
RIGARDIS
HAMSTRO
KREDU
MAKSIMUMO
KAŜI
OKULOJ
REGANTO
MURO
ĈAPELO

PROKSIME
MALŜPARO
PAĜO
FARUNO
ION
KAJ
PROPRA
FAZO
PIZOJ
BONVENA

Puzzle 85

```
K M P R O V I Z O J N Y O W U
K O A E V J X U O E S N B F K
I T M L L E B E U L B A G L O
N S N U P N G D J A R Z J M U
E I O Z N R I G A U A P Q O V
J T X M I U O I M T P P P V E
O R J O U Ŝ M K I K I R W A R
F O A Y F A K O S A D O M D A
R P L D J U W B K I I L A O G
R R E V I Z A Ĝ O C M O L E H
F E V X T A G X R Y F A P P E
N T X P L U A I P A O F L Y W
H E S P E R T A D Z J D I F L
F L M A L F O R T A P P D G Z
```

PROVIZOJN
BLUEBELL
KINEJO
RAPIDI
KOMUNUMO
REVUO
MALPROKSIMA
LETERPORTISTO
MOVADO
VIZAĜO

MALPLI
PROKSIMA
ŜUOJ
MALFORTA
ROLO
AKTUALE
SXVELAJXON
PLUA
AGLO
SPERTA

Puzzle 86

```
S  A  Y  T  R  R  U  O  Ŝ  O  P  B  M  P  Z
A  E  T  O  Ĵ  A  L  A  E  R  Z  Z  A  O  Z
N  D  P  N  G  O  H  S  B  O  D  C  L  S  Ŝ
D  P  A  R  E  C  R  R  A  Z  S  H  V  T  R
C  R  Ĝ  X  O  D  A  N  J  E  R  T  A  T  A
A  U  R  U  T  H  I  U  A  R  A  E  R  A  N
S  V  A  S  N  H  O  K  P  T  G  H  M  G  K
T  O  L  C  E  V  J  S  U  E  A  G  E  M  O
L  T  L  D  D  A  E  O  M  D  R  U  T  E  Z
E  V  A  Ĉ  I  R  L  A  M  G  N  D  A  Z  Ŭ
R  Z  M  A  C  U  N  U  A  J  T  O  O  O  A
I  R  N  C  N  F  F  V  O  F  K  L  K  A  P
I  A  M  A  I  H  E  J  M  U  R  B  O  N  U
E  K  O  N  O  M  I  A  P  V  I  D  Z  W  E
```

MALVARMETA	MALRIĈA
ENKONDUKI	POSTTAGMEZO
IDENTA	POŜO
REALAĴO	MALLARĜA
TREJNADO	PAŬZO
IAMA	ŜRANKO
EKONOMIA	PERDO
TREZORO	NUKSO
SANDCASTLE	INCIDENTO
UNUAJ	HEJMURBO

Puzzle 87

```
K C B N K O D R O P Y N P S D
V X B J V N B U N N U F R J I
J O U O N D I J A Q R B U H M
S Ĵ B N O B U T E W U K N D A
U A T E I Y F U L K J J T F N
A K Z D N E P T K X T H E R Ĉ
B I E R O I C I B M A O D A O
L T H A W N Y N G T S B O Z T
G R L Ĝ K D I W J E A B N O D
Q O K L A R I G I A L T I E W
A F K R E S K I S P T Y K E D
T R A N K V I L E I I L M M C
Ŝ U L T R O I X U U S L U M N
A K R A N S O C I O N F N M O
```

MULTAJN	ETA
AMBICIO	PRUNTEDONI
ĜARDENOJN	INO
BIERO	KLARIGI
AKRAN	FRAZO
TUBON	ŜULTRO
FORTIKAĴO	DIMANĈO
PORDO	SOCION
OBJEKTO	SALTIS
KRESKIS	TRANKVILE

Puzzle 88

```
J K O D P N F K E Q S N T D N
Z A S S D O L Ĉ A Ĵ O J W E Y
W L R B K K O L U M R O F Z P
F A O D N U F G E T T L B E I
L I E R E T I N E V E E V R Q
T C A E V K M S V L M T S T R
G E M I O K O A T U I O K O U
Z P A C N G R V B N R H T W I
F S J D E J E E J A E O F T F
N U B I D T K D A S P J N W D
G Q O D H U A N T G Y C I J X
P B U O K U V S E P O V I L J
D B I N G E S E D S C W Y I A
G Q O K G V I D L I N I O J N
```

PERIMETRO   FORMULO
VAKERO   GVIDLINIOJN
DENOVE   SEP
VENI   HOTELO
DEZERTO   DOLĈAĴOJ
FUNDO   DEVAS
IDON   LUNA
SPECIALA   REAGO
TUKO   SKUIS
JARDEKO   DESEGNI

Puzzle 89

```
P B D W J Ĝ M D J Z Z I K D D
Y Y M H A U U A T G P K V E I
A O K B U L E S I T S E A N S
D T O C V K V A T E B O R T V
N S R K N U A T R I F B D I O
U I A I I B K I D A G O E S L
B C T S B B U G F R N I K T V
A I S N A U I I P I C E Z O I
B F I E R H I L S E P A O O Ĝ
E O G P I U Q R D O E R D O
B B E I R Y K R I Y Ŝ T O N O
U Y R R P T N B L R C Y S U X
F F O P A G E E D Z I Ĝ O N K
T V S S L H A V E B L A A I O
```

PRIPENSI
DENTISTO
KVARDEK
ABUNDA
ESTIS
HAVEBLA
GAPO
DISVOLVIĜO
ŜTONO
GEEDZIĜO

ĜUSTIGI
INUNDO
REGISTARO
ATRIBUI
OFICISTO
EVAKUI
PRIRABI
SEPA
ARANEO
BRULIGITA

Puzzle 90

```
L H A M B U R G E R O E Z U M
S A R I Ĝ I Z D E E G T L Q N
S R B K G O V N R M W A L D B
A A S O R E P A L A M B G X M
L D B V R Q U I T G X B J D T
T N G A N P D S I G N A L A S
V U L V T Y O Q O J O Y O P Z
A B K U R O L S C A G R P R R
L A O H D K U Q T Y K U O O Z
O L F S M A S I C E U Ĝ R P D
R A I A B U N O S M N A T H J
A M X R K C I T E X U O I R L
L U T R O N O R O J N I S F Y
K O L U M N O D N K U R S O W
```

MUZEO
SINJORO
HAMBURGERO
LUTRON
LABORPOSTENO
MALAPEROS
INSULO
PORTIS
VOKI
MALABUNDA

SIGNALAS
GEEDZIĜI
IRAS
ALTVALORA
RUĜA
KOLUMNO
KURSO
SIAN
LUDANTO
SABATO

Puzzle 91

```
K K V L W C M E J G B W A K M
K A O E I R G I M L L G R O E
C V Y O R I N T E R A G I S Z
S E S J A B K F S J X S D T U
I R F C F X O N O K L A B O R
N N P E Z W N T C C M D Q D O
D O K E R S O C E T C N S A N
I Z M I N I Z X G M B E B Ĝ E
V U L N W S O M A I P M A N G
I L J H Z F A D S O A O M O O
D B G J B Z Y D I B U K I L C
U B L O J A L A O O P E K P I
A I V V W C I M H W S R O P B
N W U S R E L I G I A J F Q E
```

KOSTO
MEZURO
AMIKO
RELIGIAJ
BALKONO
NEGOCI
ZONO
PLONĜADO
INDIVIDUA
MIGRI

LOJALA
KAVERNO
INTERAGI
SES
REKOMENDAS
FARI
BLUZO
VERBOTEMPO
PENSADO
FERIO

Puzzle 92

```
K L R U U Z E M R Q J S B L K
O Z E T O J O T E K N E U B O
M P G G P K I N V I T I Ŝ P M
P T O Z R U O G A T W O O B F
L S U C H I J T Z L L D K I O
E A O T R R D T X X P A B E R
T V E C A I C A N R E T N I T
A O S A I U B M E U M K J R A
J L I T G A Ĝ E N E R A L A E
Z I L M Z X S X W C Y R Q Y H
C S K D I S T R I N R T X W J
I O E I N T E R E S O N K K Y
X U C B E Z O N A S P X N X J
I R A D E B F D V S U N O E Z
```

SUNO
ENKETO
INTERESON
KOMFORTA
KOMPLETAJ
TAGO
TEZO
INTERNACIA
BUŜO
TUTA

SOCIA
BEZONAS
INVITI
KUIRI
TRAKTADO
ĜENERALA
PLANO
VOLIS
SILKECA
DISTRI

Puzzle 93

```
A  B  S  O  L  U  T  A  N  I  V  E  L  O  G
P  V  G  J  E  X  D  F  W  P  Q  M  C  Y  V
B  N  D  S  H  S  E  A  G  L  A  V  O  U  M
W  R  E  Ĝ  I  N  O  N  W  Z  D  S  T  S  C
S  K  Q  O  S  T  X  D  F  M  I  I  S  T  T
D  O  N  I  T  A  R  I  V  O  M  G  I  O  R
V  B  C  W  F  L  K  O  L  O  T  I  T  M  O
X  P  K  X  K  E  M  Q  M  E  A  M  R  A  M
K  U  P  R  O  B  V  N  W  R  R  I  A  K  P
E  L  C  Z  K  J  I  A  V  K  O  T  L  O  I
D  Z  C  U  F  T  V  I  S  R  B  F  E  W  Y
U  J  P  G  M  C  O  F  O  R  M  A  L  E  T
D  Q  C  G  Q  B  J  P  R  E  Ĝ  E  J  O  W
G  T  S  U  G  E  S  T  A  S  K  I  L  S  B
```

GLAVO	ABSOLUTA
BELA	STOMAKO
FANDI	TROMPI
NIVELO	FORMORTIS
REĜINO	KUPRO
MOVI	FORMALE
SUGESTAS	DONITA
TIMIGIS	ARTISTO
PREĜEJO	DUDEK
VIVOJ	TITOLO

Puzzle 94

```
I N F K J N E L E W D P R L V
D N G D H T H X F A R I Ĝ I S
I F S V O J O P S T R Y T W A
F K A P Y J A O R P A K U S G
E A Q R I Z N R M M A N R E N
R D D R I R L T R E A T B N O
E D E N Q T I E D G C Q O T S
N A T N A K A B H K Q A Q I K
C F I N O R A L A T O T N S A
O D A G N A S A T K A N T O S
S I G E L O N J O L C N D R D
C O M P L I M E N T A R Y B F
C D W N Q D Y V S A P D B I W
G R A N T I U V C J S G I L X
```

SIGELON
INSPIRI
FARITA
LIBRO
COMPLIMENTARY
PORTEBLAJ
TOTALA
VOJO
PACA
AGNOSKAS

SANGADO
KANTO
TURBO
KAPRO
SENTIS
FARIĜIS
DIFERENCO
BAKANTA
FINO
DONACEMO

Puzzle 95

```
B K B X R J J C Q S F Y Z R C
P I Q F O C M C U J O Ĝ E L N
S A R K O L B A S O J N E A P
A U R D U L D V E T E O Y N A
R I B T O M J E G E R S B X U
I O C I N T I S R Ĉ I R G O X
D P X P T E I A O A U U J H S
I W A W X E R M F W K X B A O
X Z V U R X Q O I F I M I T I
M A L P U R A N V G T M D N R
I S L O Ĝ A N T A J I X Z A A
O N O T O K G P H C A L W R W
S E R P E N T O N A E C O I U
O D F F E I P L H E W F Q D N
```

KUIREJO
NOMAS
URSON
FORGESU
SERPENTO
KOTONO
KOLBASOJN
OCEANO
DIRAS
IRANTA

LEĜO
HAVI
DENSA
IMITI
BIRDOTIMIGILO
MALPURA
LOĜANTAJ
AĈETO
SUBITE
PARTNERO

Puzzle 96

```
T  L  L  E  S  T  S  G  O  S  A  N  A  N  A
M  U  Q  E  T  K  V  U  T  F  O  B  J  V  P
A  D  T  E  U  L  Z  N  R  E  X  K  N  F  A
L  N  Z  E  D  F  L  O  S  I  L  O  A  J  R
L  E  D  T  O  F  V  I  P  E  I  L  K  X  T
O  T  K  A  R  O  J  C  E  B  A  Y  I  X  E
N  A  V  S  U  C  D  R  F  Z  F  E  Z  B  N
G  B  A  S  T  A  S  O  I  U  I  K  I  O  A
A  S  L  I  I  F  L  P  Z  Y  Y  A  F  J  S
D  L  I  Ĝ  T  R  E  I  F  A  J  R  O  A  O
A  Z  T  U  R  U  M  J  A  D  K  D  I  S  V
Q  M  O  H  A  S  A  I  E  J  W  T  E  M  B
O  Z  X  F  P  E  S  V  E  S  T  O  J  G  A
I  X  C  P  G  K  I  L  V  E  C  F  P  U  S
```

PORCION	APARTENAS
STUDO	AJNA
BOJAS	FIZIKA
FAJRO	ĜISSATE
ANANASO	PARTITURO
SURFACO	FLOSILO
DRAKE	KVALITO
TUTE	ATENDU
EMAS	VESTOJ
ALIAJ	MALLONGA

Puzzle 97

```
T Q O P T J R E G I S T R A N
E M T F N R M E M O R I G A S
L B R E T A R O Y Q G K K J X
E M A L S T A B I L A A V D D
V U E C I X I R N X P I L A E
I N O L B A T M M X L B P F R
D O P R O K R A S T I V J K N
O N U N U O D A M U R T S A M
P O N T O V J I F N A V M R P
C D H C G I Z C S Q I M S I A
T R O G X O N A C I L O P B P
F A B L X L K A A E I B F O A
J P I T B A D A N Ĝ E R A J G
U T O H V T D J I V A V K M O
```

TELEVIDO
VIOLA
KRIIS
RIBO
MALSTABILA
KVAR
PONTO
HOBIO
MEMORIGAS
PARDONON

BRETARO
DANĜERAJ
REGISTRAN
PAPAGO
PROKRASTI
UNUO
MASTRUMADO
FLAGO
POLICANO
TABLON

Puzzle 98

```
H G I L P K T R N L K A F I M
V T G G E A E Z O Z L Q O L A
E U C C R P K I B T U R R W N
J N L F D T R O L S R D M J Ĝ
L J T D I A U N A U K O O W E
R A O F S Ĵ Ĉ I R A L F S D B
E G S P A O O C S K I A D O L
K W A U O K N I R W S H I V A
O F R V C Y T D F Y N U U C N
R X Ŭ P D C Q E R P U S W X G
D W A Q G O O M I T K I V P R
O W D M M K A N D I D A T O G
N A E C I V A I S U T S E A Q
G D B P A R O L A S J N H H L
```

NOBLA
FAKTE
ESTUS
VIKTIMO
PAROLAS
MANĜEBLAN
SUPRE
TEKRUĈON
FORMO
LASU

MEDICINO
SKIADO
KAPTAĴO
PERDIS
REKORDON
SORTO
KANDIDATO
BEDAŬRAS
SIAVICE
FLARI

Puzzle 99

```
L V S U B S T A N T I V O G Z
C H V K O N S I L O N N D Q I
M O K U Ĉ Ŭ A K L Z N K U K B
C M A L P O R T I S U N A O L
S A G I M I S K O R P L A G H
A N Ĉ B T D Y D P I L O L O E
Ĉ I I I F A L B E S K E L F L
I C N V E Q R K T Z F I I N I
D J V R P L Y K K P E L E B K
E L E E J Z O I O K B R H W O
D T N S O T A N O M E D T Y P
J S T N J A T O D N E S L A A
O F I O V D B E C J K D Z E X
Q X M K K V A D R A T A J K U
```

SUNA
BELE
ALSENDOTA
MONATO
DEZERTA
DEDIĈAS
KAŬĈUKO
HELIKO
CINAMO
KONSILON

DEMOKRATIA
ALPORTI
FLEKSEBLA
SUBSTANTIVO
KONSERVI
ĈIELON
INVENTI
ALPROKSIMIGAS
KVADRATAJ
PILOLO

Puzzle 100

```
B O L M H T N K H E V R K E U
B D W H A T N E T N O K O K L
E E U S Q L S B T I N A N S O
X R Z O K S A T P T O U V P J
Z D O O B K G M C L U G I E A
K N T D N L Q D I U D Z N R T
Q E I V B O A C K K O T K I I
J V B L W E J N N S A X I M R
M A R O G O X N I Ŭ V J U E I
L E O P A R D O R A A X N N N
F B T Y I E G H T L R X N T L
D W B F O J X R J Q M O E O I
K P S O N A B M Á R A C B K H
B D I I J K M O N T E T O X X
```

MARO	TRINKI
DUONO	MONTETO
LEOPARDO	BEZONOJN
VENDREDO	ULOJ
ORBITO	KONVINKI
MALAMIKAJN	KONTENTA
IRITAJ	AŬSKULTI
TASKO	CARÁMBANOS
KAJERO	EKSPERIMENTO
VARMA	DUOBLA

Puzzle 1

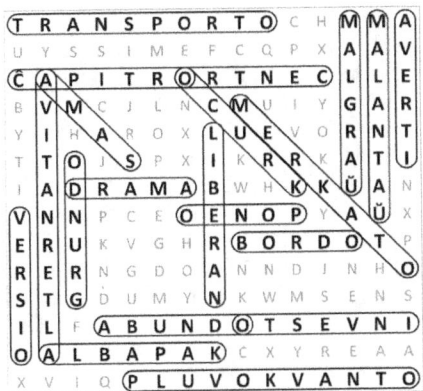

Puzzle 2

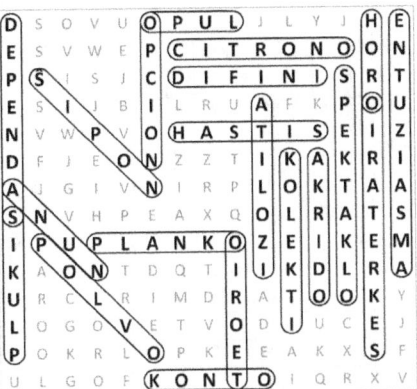

Puzzle 3

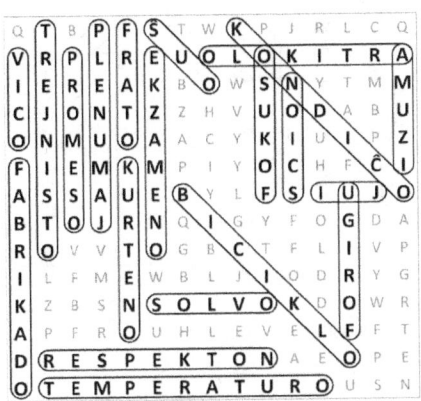

Puzzle 4

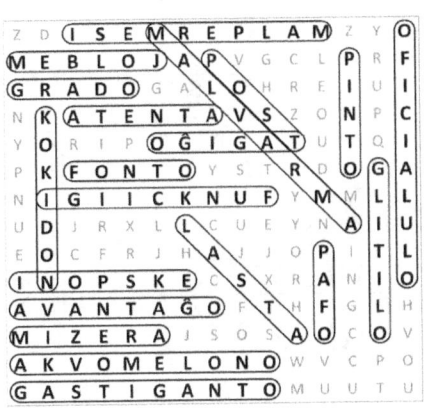

Puzzle 5

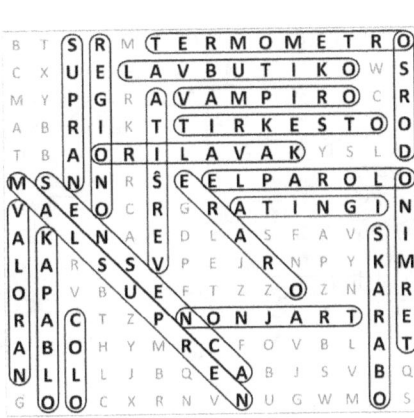

Puzzle 6

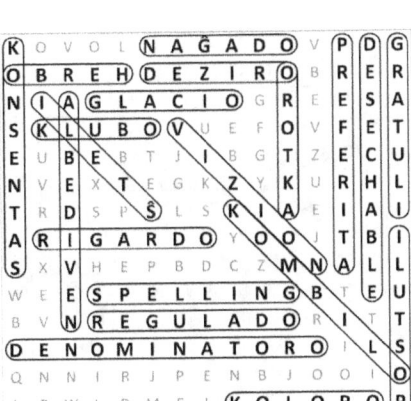

Puzzle 7

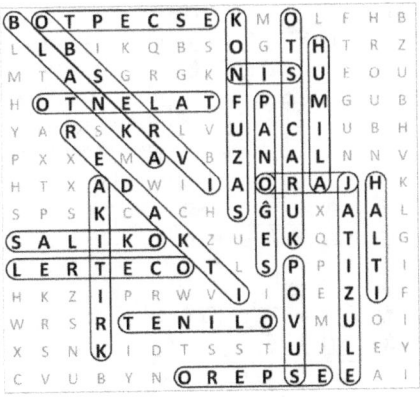

Puzzle 8

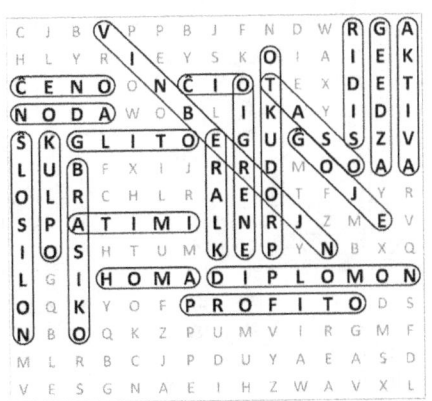

Puzzle 9

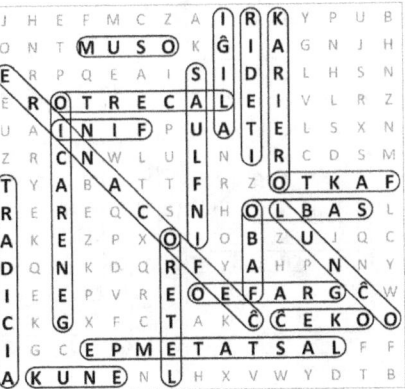

Puzzle 10

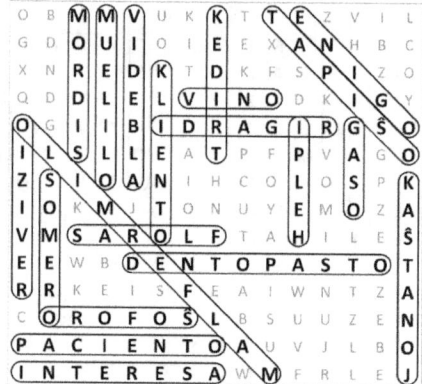

Puzzle 11

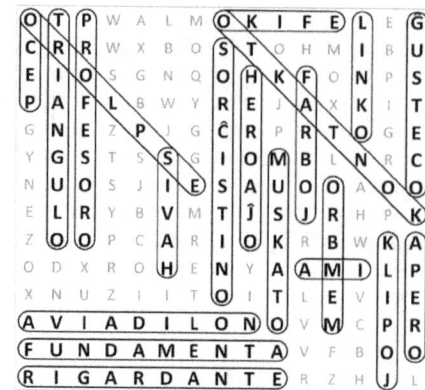

Puzzle 12

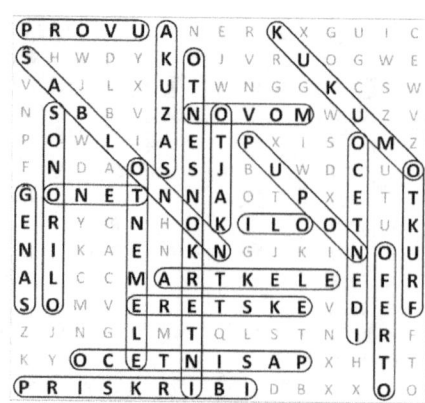

Puzzle 13

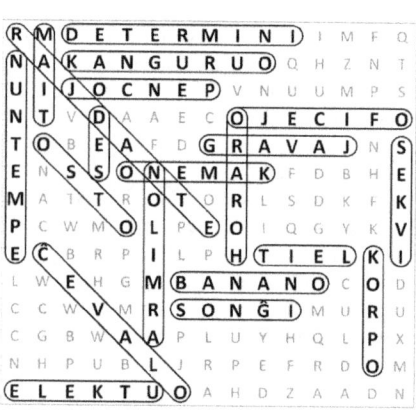

Puzzle 14

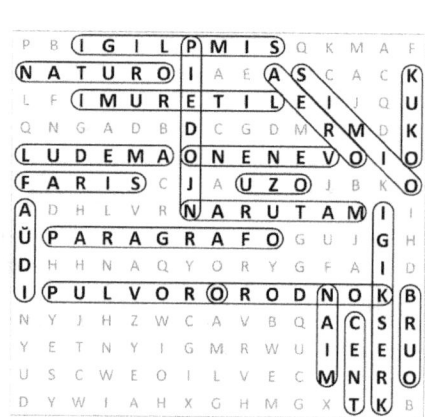

Puzzle 15

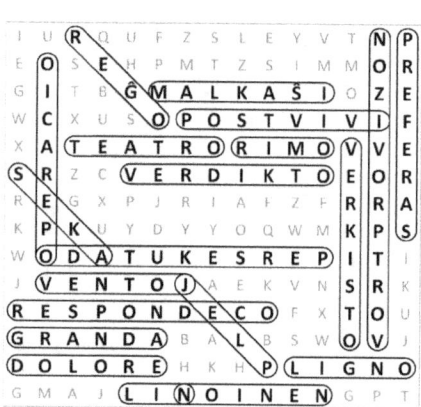

Puzzle 16

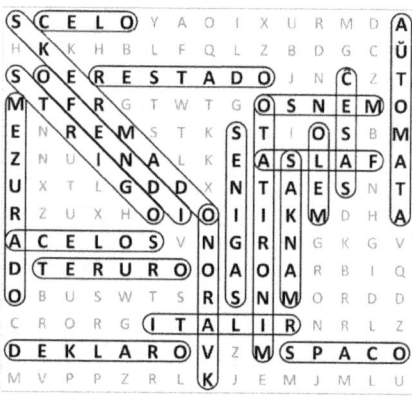

Puzzle 17

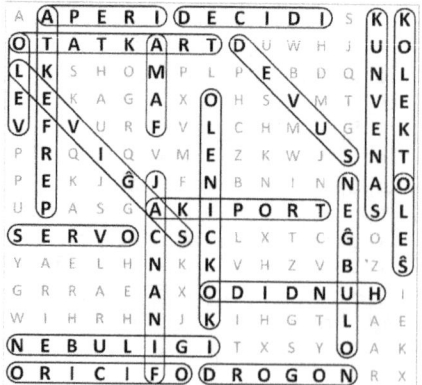

Puzzle 18

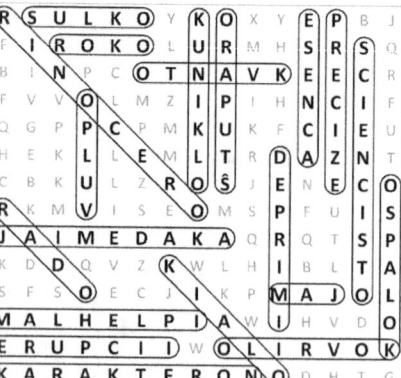

Puzzle 19

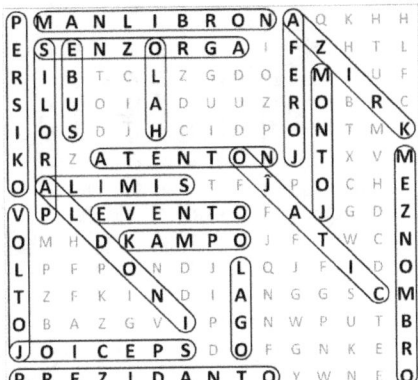

Puzzle 20

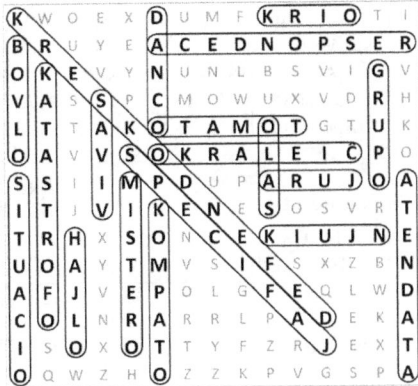

Puzzle 21

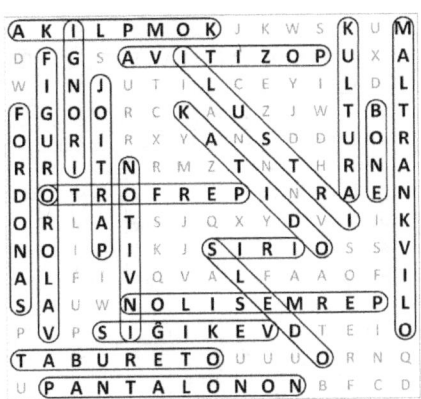

Puzzle 22

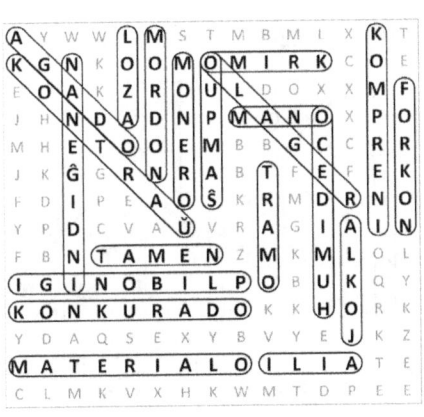

Puzzle 23

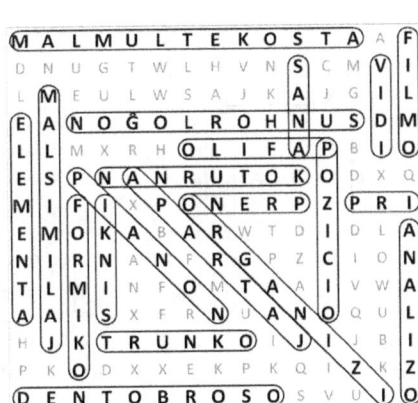

Puzzle 24

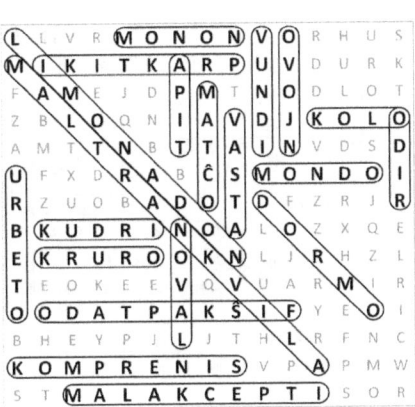

Puzzle 25

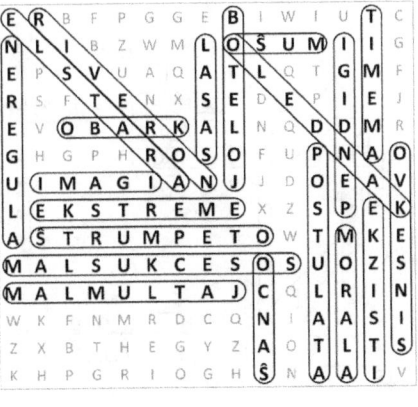

Puzzle 26

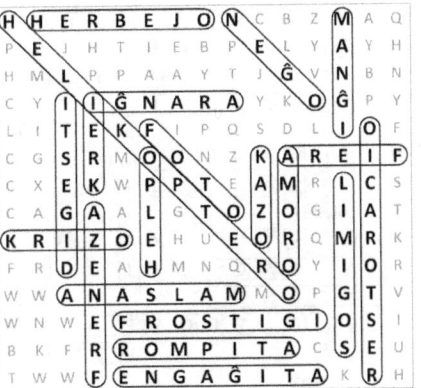

Puzzle 27

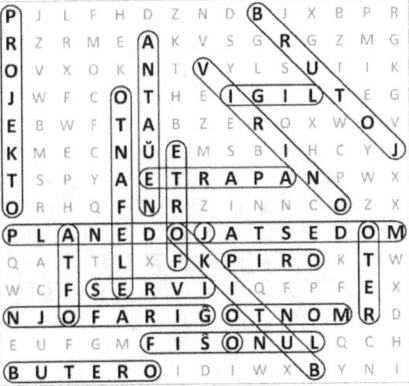

Puzzle 28

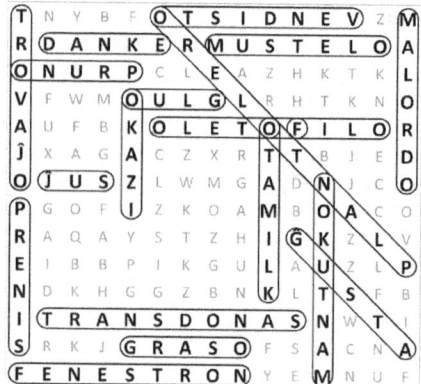

Puzzle 29

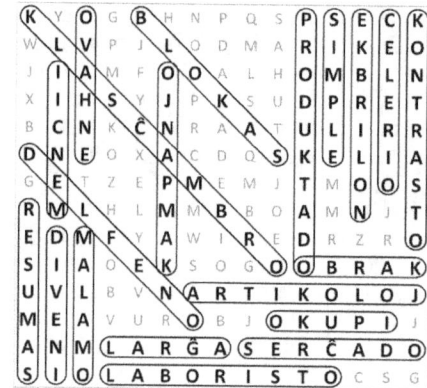

Puzzle 30

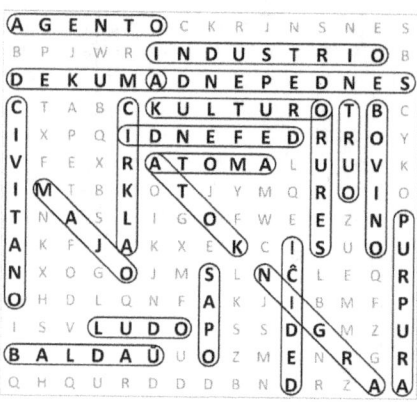

Puzzle 31

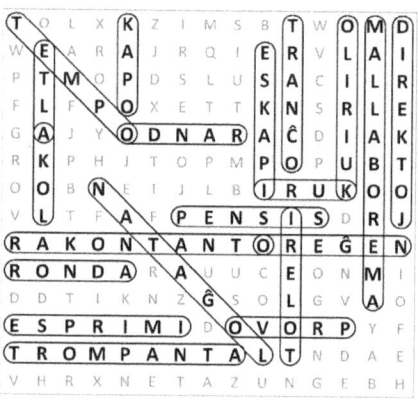

Puzzle 32

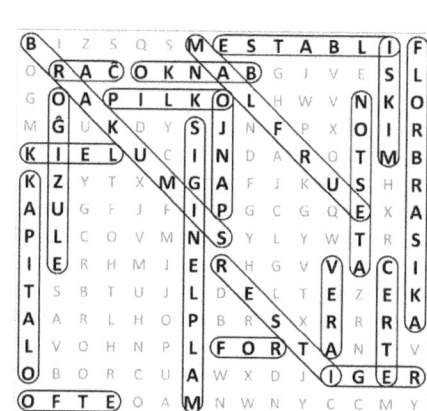

Puzzle 33

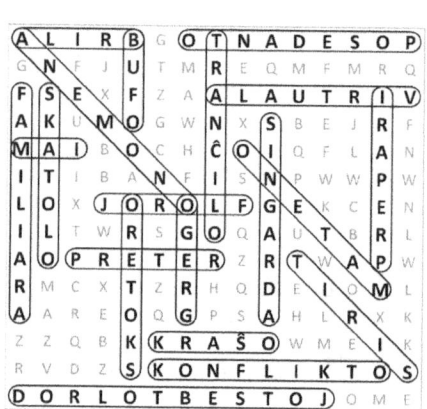

Puzzle 34

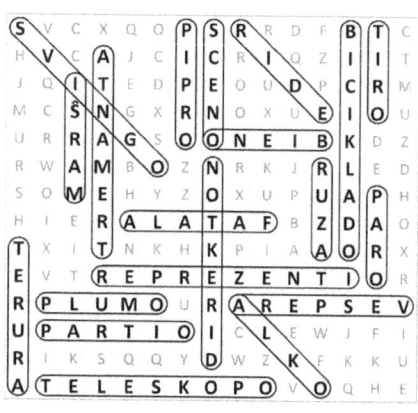

Puzzle 35

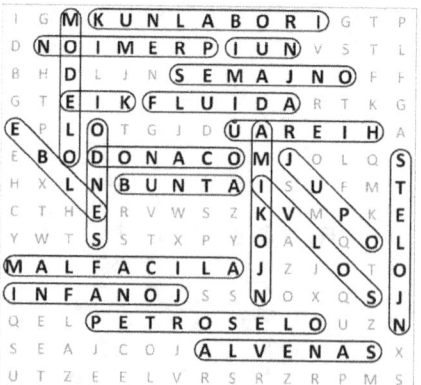

Puzzle 36

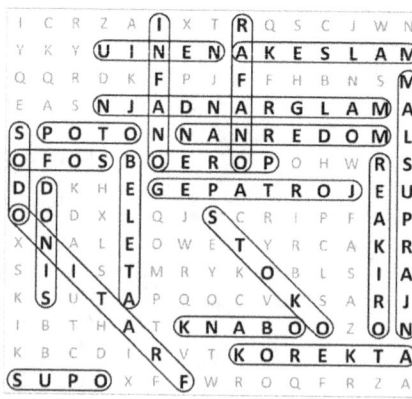

Puzzle 37

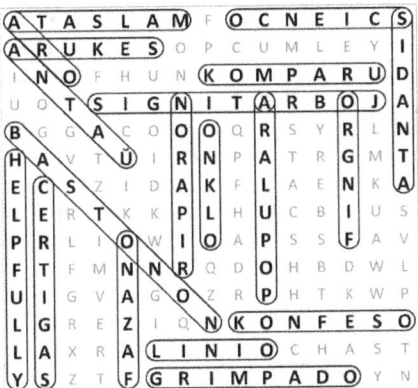

Puzzle 38

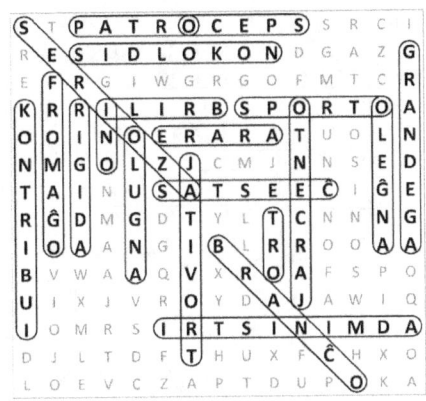

Puzzle 39

Puzzle 40

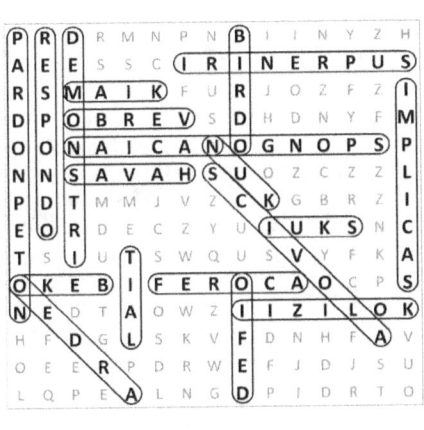

Puzzle 41

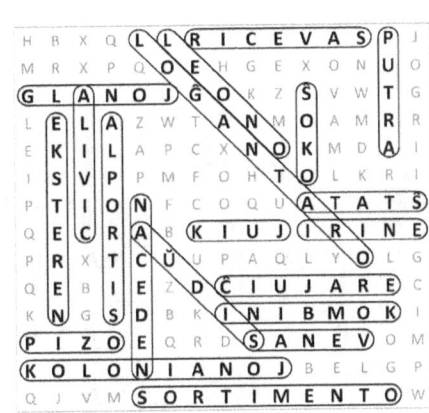

Puzzle 42

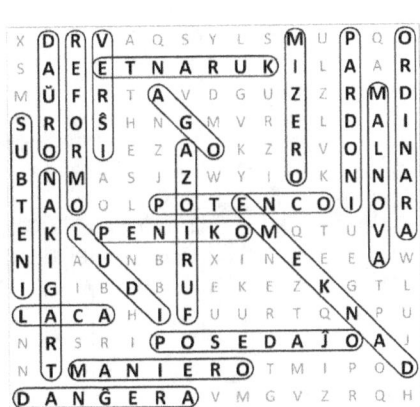

Puzzle 43

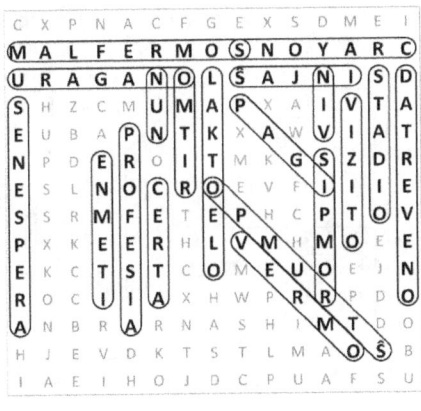

Puzzle 44

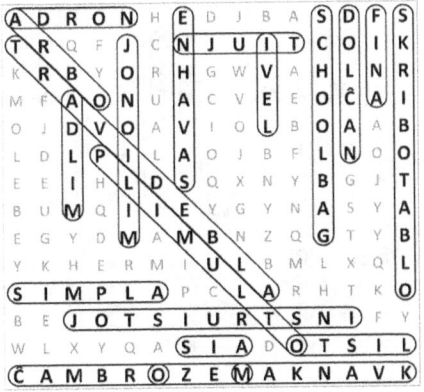

Puzzle 45

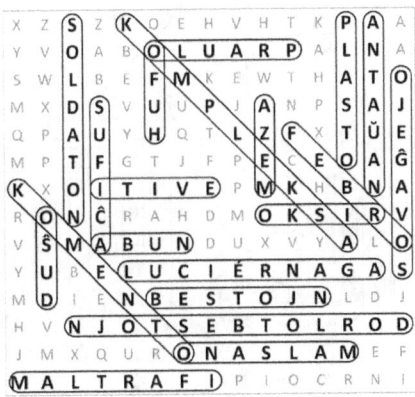

Puzzle 46

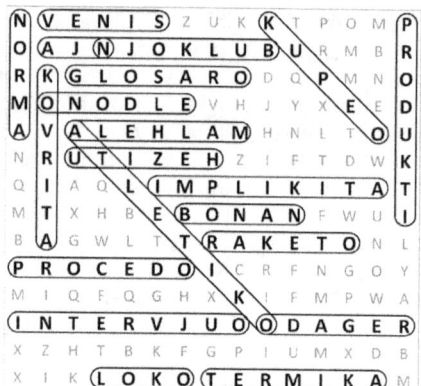

Puzzle 47

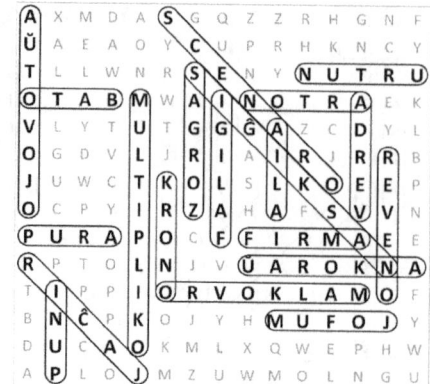

Puzzle 48

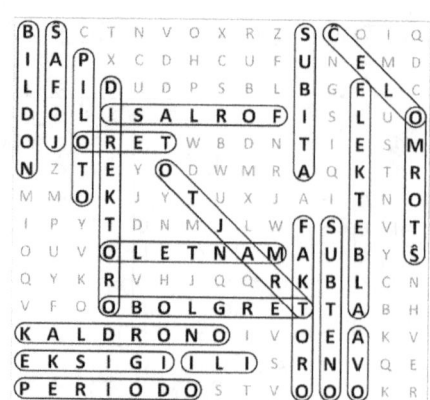

Puzzle 49

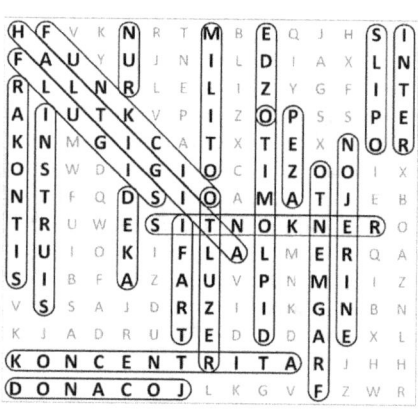

Puzzle 50

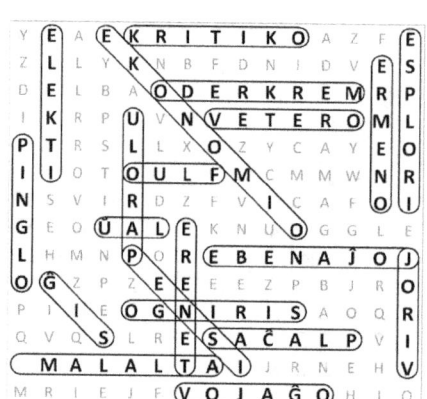

Puzzle 51

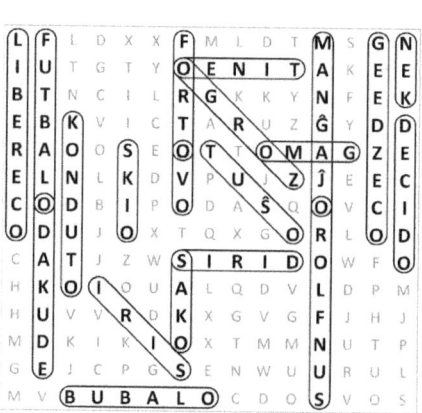

Puzzle 52

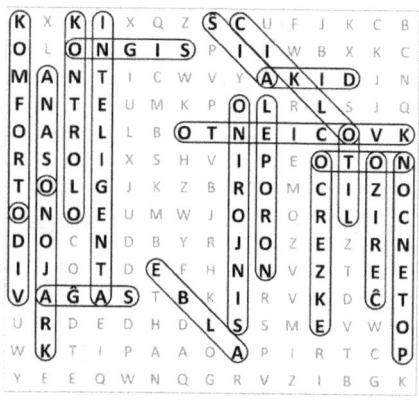

Puzzle 53

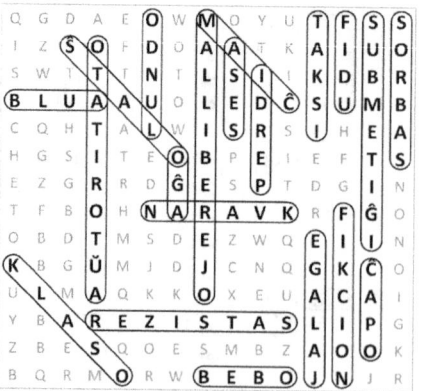

Puzzle 54

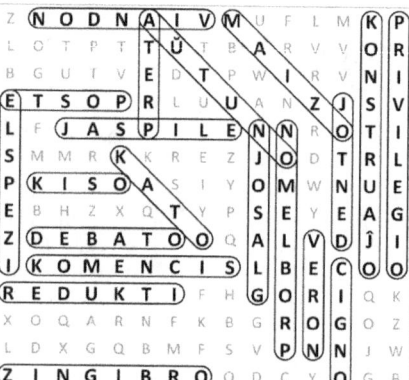

Puzzle 55

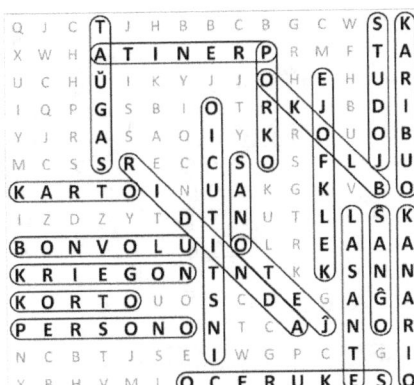

Puzzle 56

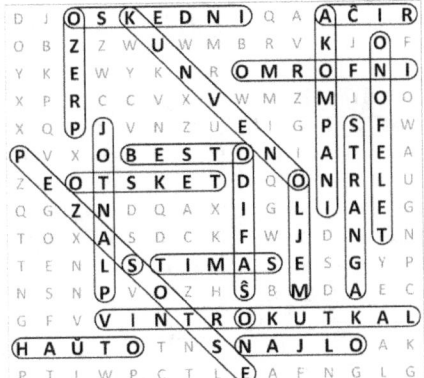

Puzzle 57

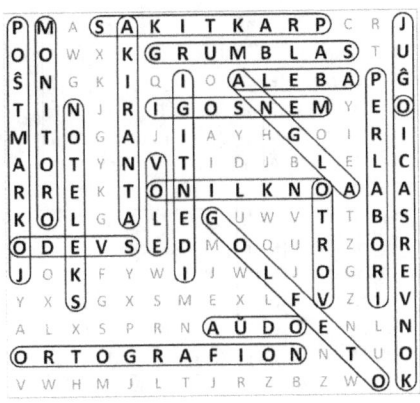

Puzzle 58

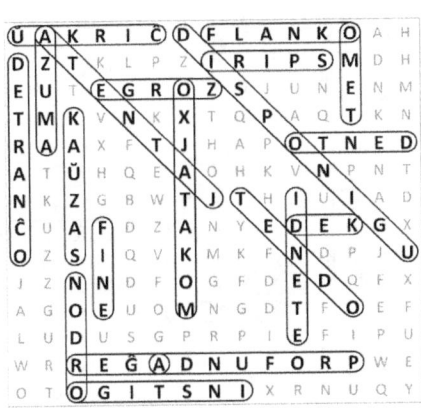

Puzzle 59

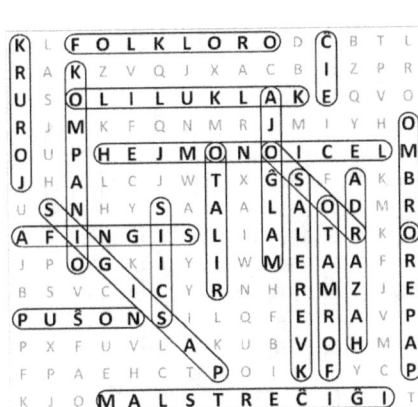

Puzzle 60

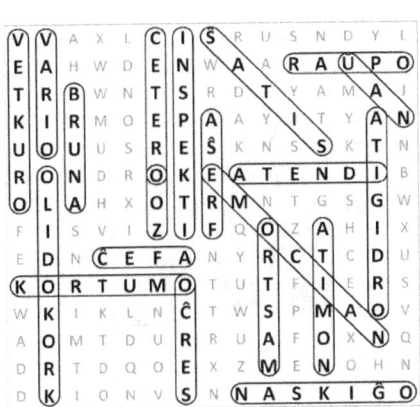

Puzzle 61

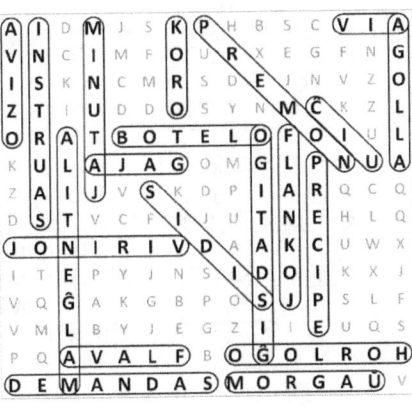

Puzzle 62

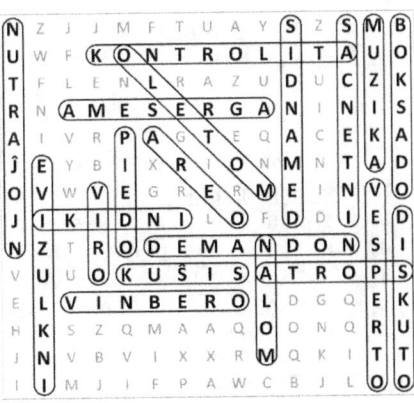

Puzzle 63

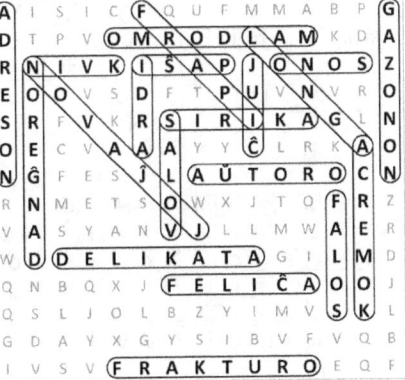

Puzzle 64

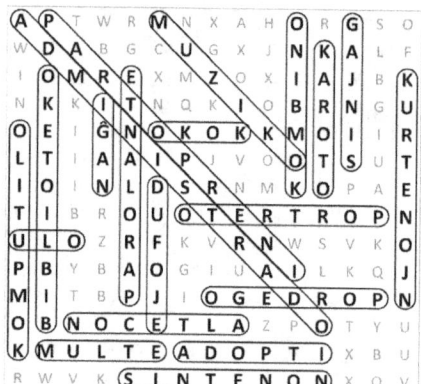

Puzzle 65

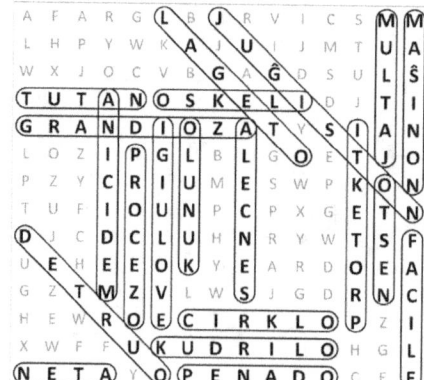

Puzzle 66

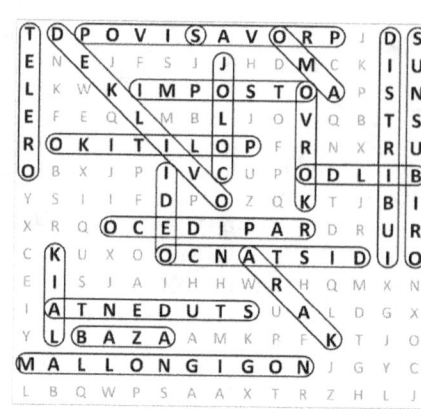

Puzzle 67

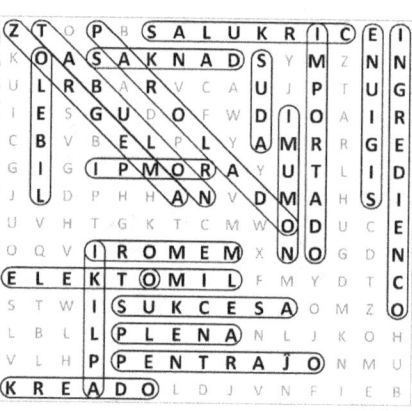

Puzzle 68

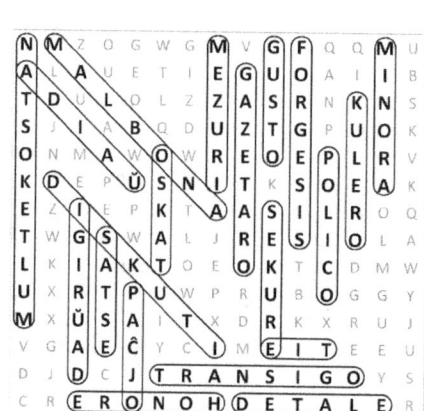

Puzzle 69

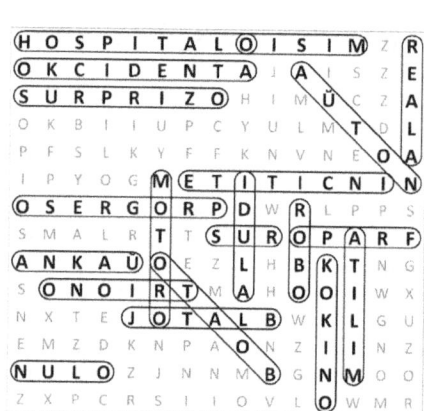

Puzzle 70

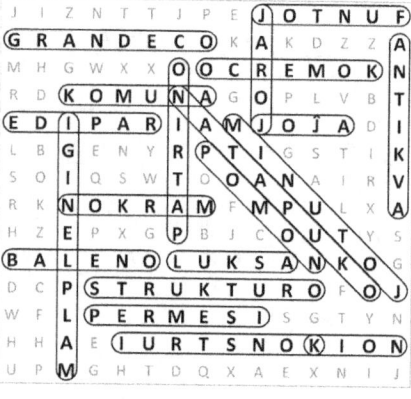

Puzzle 71

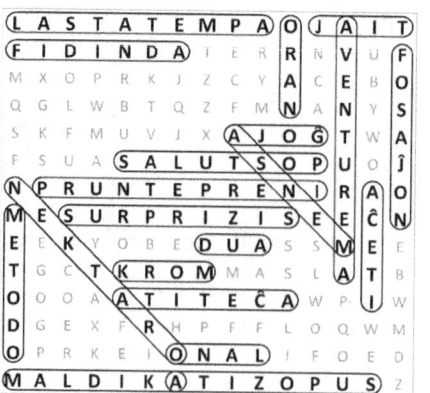

Puzzle 72

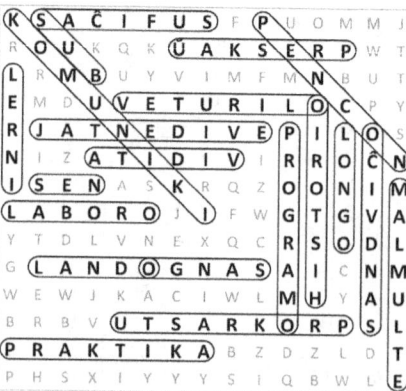

Puzzle 73

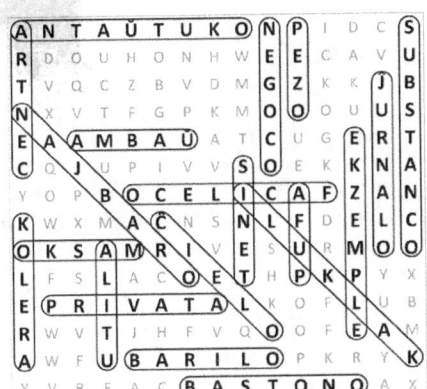

Puzzle 74

Puzzle 75

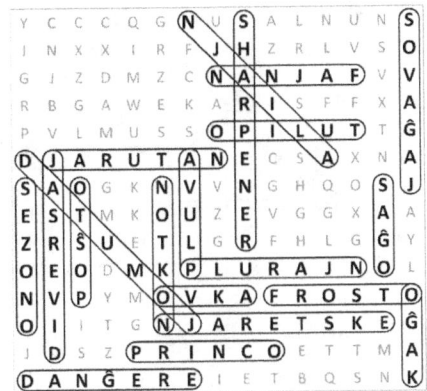

Puzzle 76

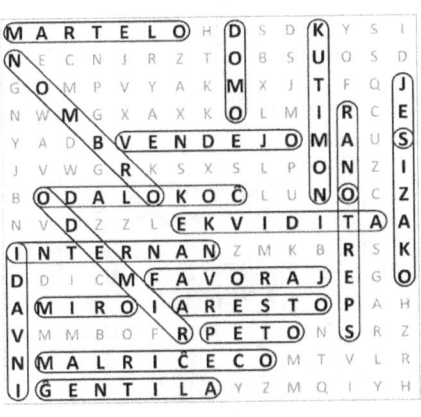

Puzzle 77

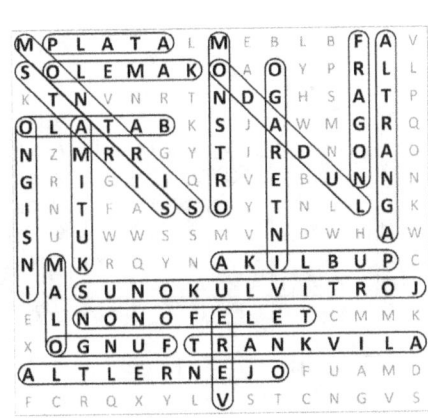

Puzzle 78

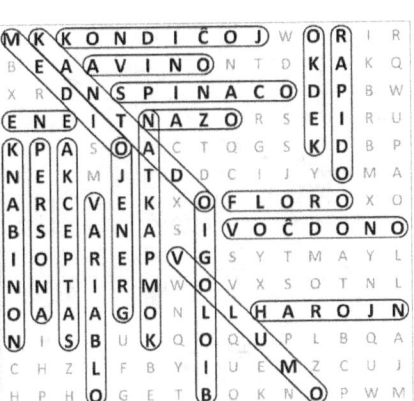

Puzzle 79

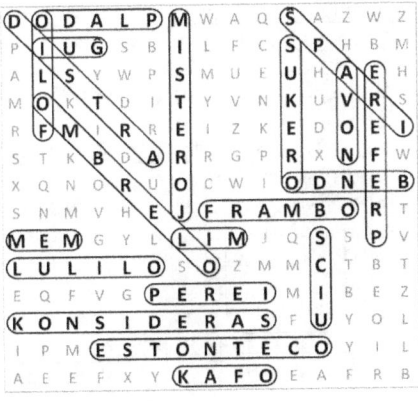

Puzzle 80

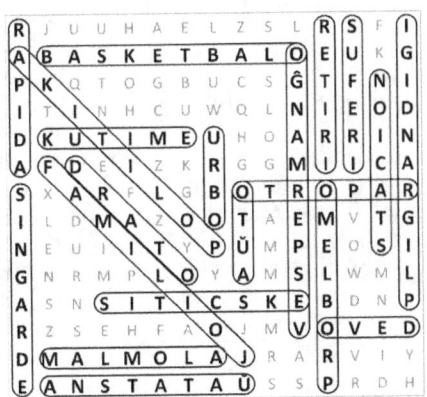

Puzzle 81

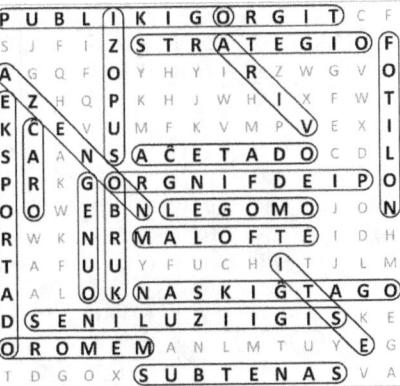

Puzzle 82

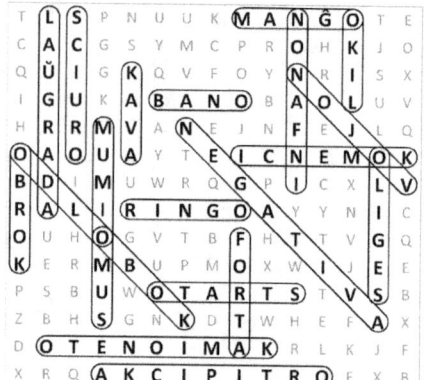

Puzzle 83

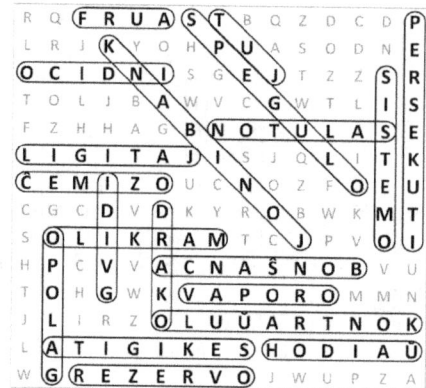

Puzzle 84

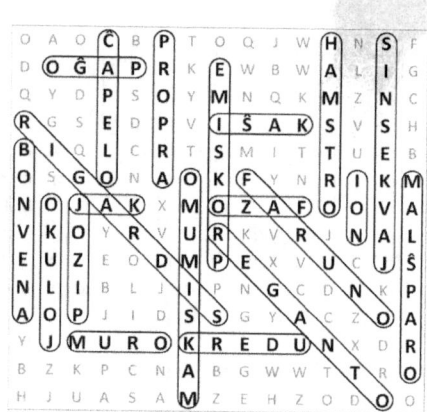

Puzzle 85

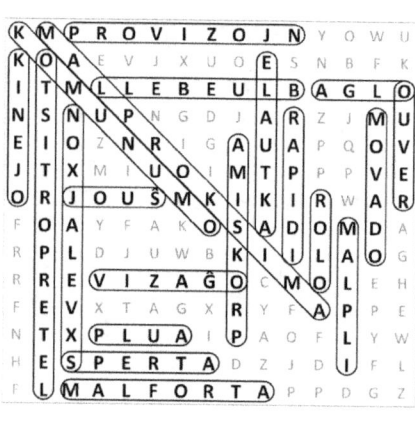

Puzzle 86

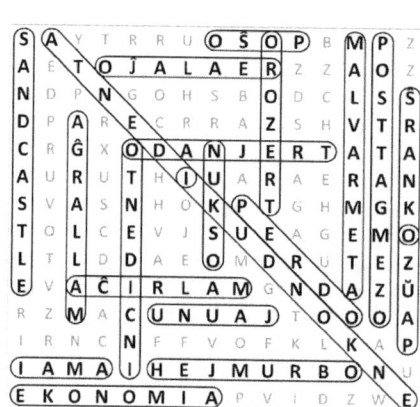

Puzzle 87

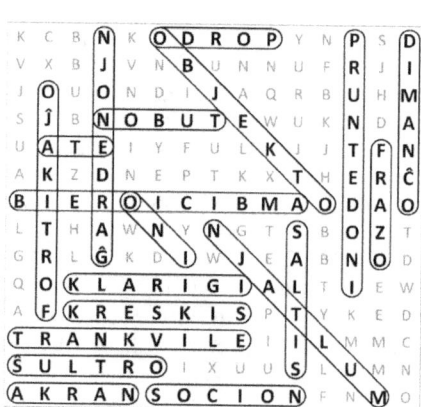

Puzzle 88

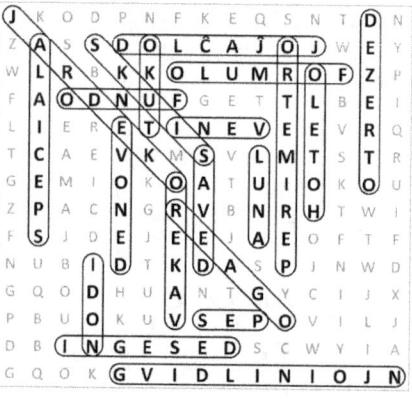

Puzzle 89

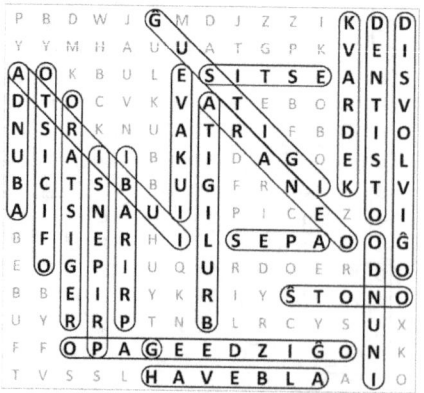

Puzzle 90

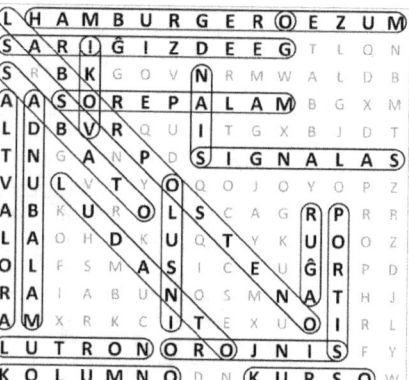

Puzzle 91

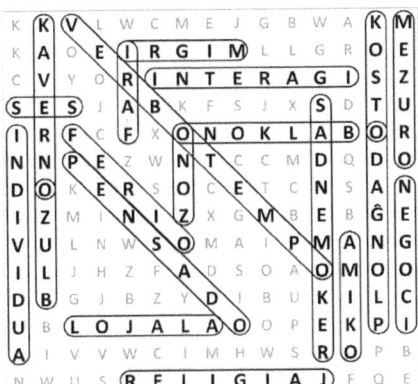

Puzzle 92

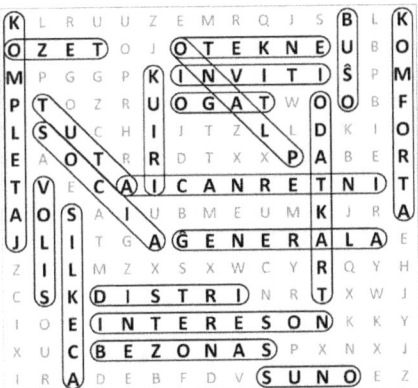

Puzzle 93

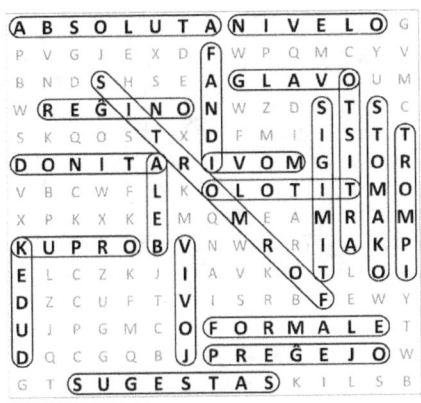

Puzzle 94

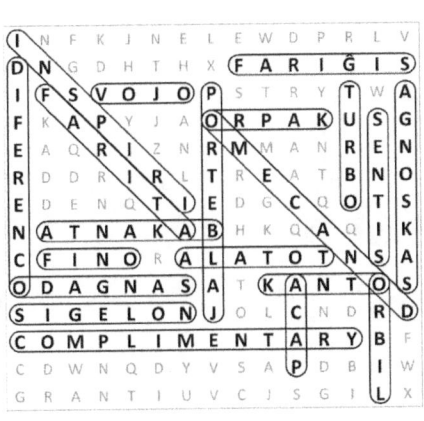

Puzzle 95

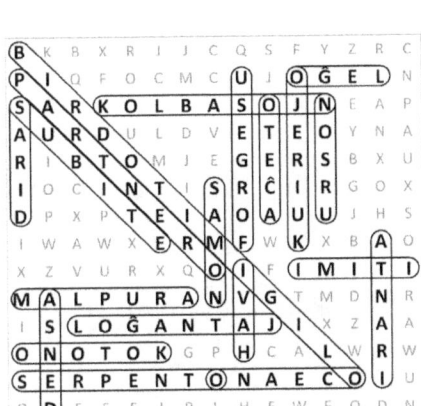

Puzzle 96

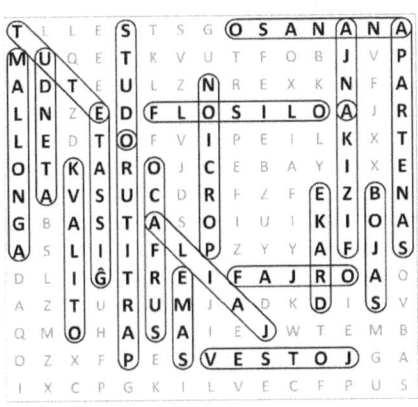

Puzzle 97

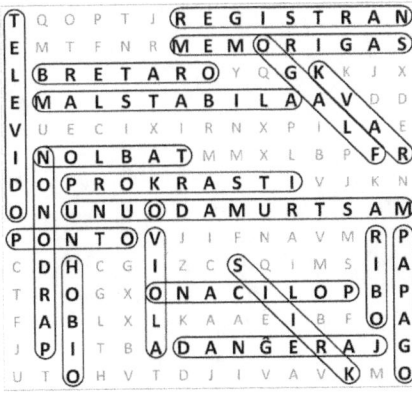

Puzzle 98

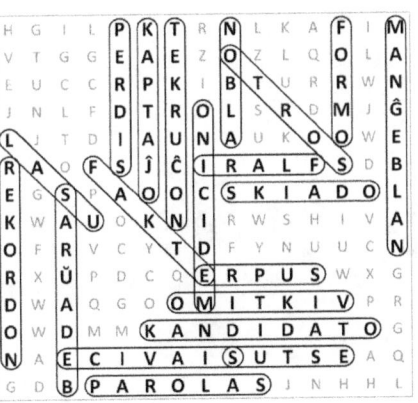

Puzzle 99

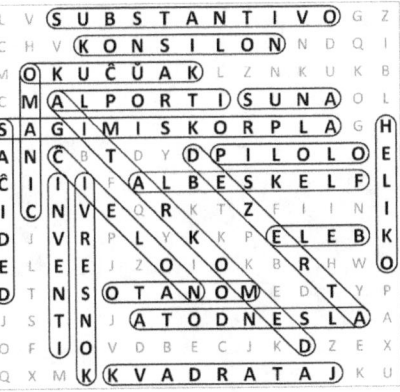

Puzzle 100

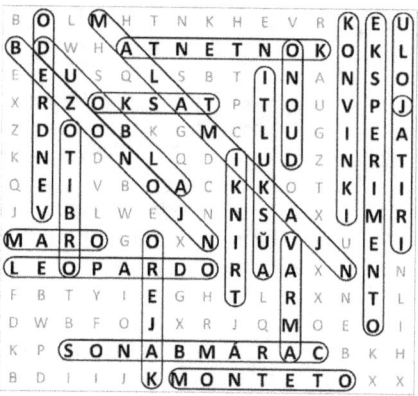

Congratulations

You made it!

We hope you enjoyed this book as much as we enjoyed making it. We do our best to make high quality games.

These puzzles are designed in a clever way to actively spark the brain and make it sharp and quick!
Did you love them?

A Simple Request

Our books exist thanks to the reviews you post on Amazon. Could you help us by leaving a review now?

Here is a short link which will take you to your Amazon orders review page.

BestBooksActivity.com/Review50

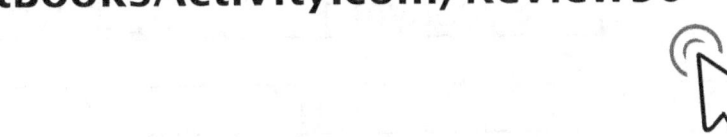

MONSTER CHALLENGE!

Challenge #1

Ready for Your Bonus Game? We use them all the time but they are not so easy to find. Here are **Synonyms**!

Note 5 words you discovered in each of the Puzzles noted below (#21, #36, #76) and try to find 2 synonyms for each word.

Note 5 Words from **Puzzle 21**

Words	Synonym 1	Synonym 2

Note 5 Words from **Puzzle 36**

Words	Synonym 1	Synonym 2

Note 5 Words from **Puzzle 76**

Words	Synonym 1	Synonym 2

Challenge #2

Now that you are warmed-up, note 5 words you discovered in each Puzzle
noted below (#9, #17, #25) and try to find 2 antonyms for each word.
How many lines can you do in 20 minutes?

Note 5 Words from **Puzzle 9**

Words	Antonym 1	Antonym 2

Note 5 Words from **Puzzle 17**

Words	Antonym 1	Antonym 2

Note 5 Words from **Puzzle 25**

Words	Antonym 1	Antonym 2

Challenge #3

Wonderful, this monster challenge is nothing to you!

Ready for the last one? Choose your 10 favorite words discovered in any of the Puzzles and note them below.

1.	6.
2.	7.
3.	8.
4.	9.
5.	10.

Now, using these words and within a maximum of six sentences, your challenge is to compose a text about a person, animal or place that you love!

Tip: You can use the last blank page of this book as a draft!

Your Writing:

Explore a Unique Store
Set Up **FOR YOU!**

MEGA DEALS

BestActivityBooks.com/**TheStore**

Designed for **Entertainment!**

Light Up Your Brain With Unique **Gift Ideas**.

Access **Surprising** And **Essential Supplies!**

CHECK OUT OUR MONTHLY SELECTION NOW!

- Expertly Crafted Products -

NOTEBOOK:

SEE YOU SOON!

Delta Classics Team